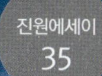
진원에세이
35

세계는 넓고
찍을 곳은 많다

구재규 지음

도서출판 진원

세계는 넓고 찍을 곳은 많다

구재규 지음

Prologue

나의 삶에는 '7대 실천'이라는 목표가 있다. '하나님사랑, 나라사랑, 지역사랑, 이웃사랑, 환경사랑, 가족사랑, 자아사랑' 이 7가지를 언제나 실천하려고 노력한다.

삶은 어떻게 사는가에 달려있다고 했다. 지금까지의 여정은 나의 삶을 어떻게 사는가에 대한 응답이었고, 앞으로의 여정은 더 풍요롭게 사는 방법을 찾아가는 것이라고 믿는다.

여행을 좋아해 그동안 국내는 물론 세계 16개 나라를 돌아다녔다. 우리나라 이민의 첫 장을 연 하와이와 상해 임시정부청사, 미국, 캐나다, 사할린, 러시아 연해주를 비롯해 베트남, 대만 등을 방문해 발전상을 눈으로 직접 보고 좋은 생각과 아이디어가 떠오르면 메모해 두었다가 네이버 파워블로그에 올렸다. 현재 방문객은 210만 명에 달한다.

그동안 신문사에 오피니언 칼럼을 기고하면서 생각과 통찰을 품은 내 의견을 제시하여 많은 사람들의 사랑과 인정을 받기 위해 노력해 왔다. 이제 또 하나의 도전과 꿈이 현실로 이루어진다.

신문에 발표된 칼럼과 신앙 간증들을 모아 내 마음의 빗장을 열고 내 삶을 되돌아보고 평생학습, 평생교육, 평생건강의 마음으로 삶의 만족도를 찾고 소확행을 누리는 것이 행복을 누리기 위한 새로운 도전과 같다. 이를 통해 삶에 새로운 목표와 방향을 제시하며, 100세 시대를 현명하게 누릴 수 있는 삶의 기록을 펼쳐 나가고자 한다.

나의 사상과 꿈을 펼쳐 보인 이 책이 나에게는 현대사의 보물이다. 이 책을 통해 나만의 가치관을 공유하고 세상에 기여하고 싶다.

마하트마 간디는 "세계를 변화시키려면 먼저 나 자신이 변해야 한다"라고 했고, 아놀드 J. 토인비는 "나의 삶은 나의 메시지다"라고 했다. 100세 시대인 만큼 여기서 멈추지 않고 더 열심히 시詩도 배우고 이름도 남길 것이다.

필자는 앞으로도 인천시민 영혼 구원, 민족 화합, 민족 복음화, 복음 통일, 세계 선교의 뜻을 이루기 위해 더욱더 노력할 것이다. 그리하여 내 발자취를 남기고 민족에게 희망을 주는 사람이 될 것이다.

이 책이 필자의 희망대로 많은 서점에 진열되어 더 많은 독자와 소통하게 된다면 더할 나위 없다. 지금부터 시작되는 이 책의 여정에서 독자 여러분이 행복과 인사이트를 찾아갈 수 있기를 진심으로 기대한다.

2025년 2월
구재규

발간축사

유정복
인천광역시장

안녕하십니까, 인천광역시장 유정복입니다.

구재규 박사님의 『세계는 넓고 찍을 곳은 많다』 출간을 진심으로 축하드립니다.

평소 폭넓고도 다양한 활동을 하고 계시는 구 박사님은 이웃사랑, 인천사랑, 나라사랑을 몸소 실천하고 계시는 분입니다. 그렇기 때문에 생각과 경험을 책으로 묶는 과정은 필연적이라 할 것입니다.

책을 펴내는 것은 나의 생각, 나의 모든 것을 온전히 드러내는 것입니다. 그리고 그것을 통해 다른 이들과 교감하는 것입니다.

구재규 박사님 역시 저서에서 '지금부터 시작되는 이 책의 여정에서 독자 여러분 모두가 행복과 인사이트를 찾아갈 수 있기를 진심으로 기대한다'고 했습니다.

여러분 모두 구재규 박사님의 행복과 통찰을 공유할 수 있는 기회를 잡길 바랍니다.

인천이란 공통분모 아래 행복하고 건강한 2025년이 되길 기원합니다.

감사합니다.

발간축사

두상달

사) 국가조찬기도회 회장
사) CBMC. 명예회장
사) 가정문화원. 이사장

『세계는 넓고 찍을 곳은 많다』 발간을 축하드리고 축복합니다.

저자는 훌륭한 사진 작가이지만 여러 봉사단체를 섬기는 못 말리는 멀티플레이어이다. 주업이 사진 작가인지 봉사 요원인지 NGO 활동가인지 아니면 칼럼니스트인지 모르겠다. 아마 일취일예일기 정신으로 살아왔기 때문이기도 하다. 어찌보면 사진 관련업은 부업이고 봉사와 섬김이 주업인 사람이다. 저자는 온 세계를 누비며 세상사 갖가지를 사진 속에 담고 떠오르는 착상과 생각과 통찰력을 버무리고 녹여낸 삶의 궤적을 글로 남겼다. 그래서 이 수필들이 내용이 공감이 되고 알차고 가슴에 공명으로 울림이 될 수 밖에 없다. 자기 분야의 고수가 되면 어디를 가든 꽃길이 된다는 교훈에 따라 저자는 꽃길을 만들어가는 사람이다. 저자가 삶을 불태우고 있는 하나님 사랑, 나라 사랑, 가족과 이웃사랑, 지역과 환경을 사랑하는 물결이 이 책을 통해 확산될 것을 기대하면서 일독을 강추한다.

발간축사

구재서

前) 대한민국 육군소장
52대 육군훈련소장(논산훈련소 소장)
우리암 우광복 선교사 기념사업회 이사
병영문화네트워크 고문
초대교회 담임

　넓은 세계를 좁게 느끼며 사시는 분이 있습니다. 육군훈련소장 시절 기독교 관련 큰 행사 때마다 큰 카메라를 메고 넘치는 열정으로 종횡무진하시던 모습이 선합니다. 그런데 사진만 잘 찍으시는 게 아니라 시대를 읽는 글도 잘 쓰시고 세계봉사단을 통해 어려운 이웃을 돌아보는 일에는 국내외를 불문하고 앞장서시는 구재규 박사님의 오피니언 칼럼을 모은 『세계는 넓고 찍을 곳은 많다』라는 책의 출판 소식은 현대를 너무나 바쁘게 살아가는 우리에게 단비와 같은 소식이 아닐 수 없습니다.

　美 소설가 헤밍웨이의 『누구를 위해 종을 울리나』라는 작품이 있습니다. 자기의 경험을 토대로 쓴 이 글에서 주인공 로버트 조던이 스페인 내전에 참전한 가운데, 산속을 지나는 교량을 폭파하라는 임무를 수행하기 위해 산속으로 들어갑니다. 그는 그곳에서 마리아라는 여인을 만나 둘은 서로 사랑하게 됩니다. 마리아는 조던과

결혼하여 대를 이어 파시스트에 계속하여 대항할 자식을 두고 싶다며 이렇게 고백합니다. "전 당신의 아들과 딸을 낳고 싶어요. 만약 파시스트들과 맞서 싸울 우리의 아들과 딸이 태어나지 않는다면 어떻게 이 세상이 더 좋아질 수 있겠어요?"

저자인 헤밍웨이는 자기의 경험을 토대로 더 나은 세상을 만들기 위한 처절한 몸부림을 이렇게 승화시켰습니다. 구재규 박사님의 생애야말로 하나님과 이웃을 위해, 더 나은 내일을 위해 가장 처절하게 몸부림치며 살아온 이 시대 우리 모두의 표상이 아닐까 생각합니다. 부디 이 책을 통해 더 나은 내일, 더 나은 미래, 더 나은 하나님의 나라를 위한 뜨거운 하나님의 마음을 느껴보시기를 기대합니다.

발간축사

김홍석

(미)훼이스 기독대학신대원 김홍석 멀티내셔널 총장
現) 고려대학교 기독교교우회 사무총장
前) 외교관 출신 (러시아.레바논)

    개인이나 국가나 사회구성원인 우리는 다양한 공동체에 속하여 삶을 살아갑니다, 따라서 어느 한 개인의 역할이 사회적으로 나아가 국가적으로 미치는 영향력은 정치적으로나 경제적으로도 참으로 지대한 것이 오늘의 현상이라고 생각합니다.
    우리가 이 개인의 역할이든 공동체를 원활하게 유지하기 위해서 가장 필요한 것은 섬김이며 봉사로서 나를 희생할 줄 알고, 나 아닌 타인 앞에 겸손하며, 나보다 남을 높이 세우는 삶을 통할 때 인간은 진정으로 참 행복을 누릴 수 있으며 사회는 진정 아름다울 수 있는 것입니다.

    자신을 버리고 섬김의 길을 택한다는 것은 결코 쉬운 길은 아니고 어려운 길이요, 좁은 길입니다. 저는 이 세상 살면서 많은 사람을 만나고 대하고 있는데 그 만남의 대상 중 한 분이 바로 구재규 박사님입니다. 신앙인이면서 사업가이고 사회단체장인 그는 우리가 오늘날 이 세대를 살아가면서 본을 받아야 하는 분이 아닌가 싶습니다. 본업인 세계사진스튜디오를 운영하면서도 종교 분야는 물론, 사회 분야에도 남을 위해 헌신 하고 있기 때문입니다. 그간 국회, KBS 등 각 기관으로부터 수십 차례 봉사와 헌신상을 수여한 것만을 보아도 알 수 있을 것 같습니다. 국내외적으로 그렇게 많은 봉사 활동을 하면서도 바쁜 중에도 틈틈이 언론매체에 기고한 주옥같은 글을 이번에 한 권의 책으로 묶어 세상에 내놓을 수 있음은 말라버린 황량한 이 사회의 묵은 땅을 그대로 내버려 두지 않고 잘 기경하여 가꾸어서 씨앗을 뿌려 좋은 수확을 거두는 좋은 땅이 되는 것 같은 효과가 나타날 수 있으리라 기대합니다.

이 책을 통해 모든 분들이 가슴속에 주어진 꿈으로부터 출발할 수 있고 하나님께서 우리의 인생을 성공케 해주신다는 확신을 갖고 행복한 삶을 가질 수 있으시길 바랍니다.

다시 한 번 축하를 드립니다.

발간축사

윤사무엘

미국 훼이스대학교 신학대학원 한국 동문회장
연세대학교 신과대 대학원 장로회신학대학원 하버대 신학부.

　미국 훼이스대학교 신학대학원의 자랑스런 동문이신 구재규 박사님의 옥고들을 모은 책이 출판된다니 기쁨으로 축하를 드립니다. 일터 사역을 위해 국내외에서 크게 활동하시는 저자의 오피니언 칼럼은 사역의 비전, 목표, 방향, 미래 세대들을 향한 조언들, 세계의 이슈들을 풀어나가는 방안, 에피소드 등 다양한 내용을 담고 있습니다. 이 책을 통하여 하나님 사랑, 나라 사랑, 지역인천 사랑, 가족 사랑, 이웃 사랑, 환경 사랑, 일터 사랑을 실천한 모습이 있어, 이 사역에 관심을 가진 많은 분들에게 큰 도움이 될 것입니다. 구 박사님은 그동안 탈북민북한이탈주민 돕기, 사할린의 귀국 동포 돕기, 인천지역 노숙자 돕기, 보훈단체 식사제공, 캄보디아에 코로나 방역 마스크 1만개 제공 등 사랑의 나눔에 모범을 보였습니다. 그래서 여러 봉사상을 수상하였으며, 실천이 있는 사랑 이야기를 담은 글을 기고하여 많은 사람들의 감명을 자아냈습니다. 평소에도 늘 열정을 가지며 성실하게 봉사하시는 저자의 피와 땀과 눈물과 사랑이 배어나는 글입니다. 정말 제목 그대로 세계는 넓고 찍을 곳과 볼 것이 많습니다. 이러한 세상에서 이웃을 위해 봉사하고 돕는 일은 길이 남을 것입니다. 요즘 세상은 자기만 아는 이기적인 분위기가 팽배한데, 저자처럼 이웃과 지역과 나라에 관심과 사랑을 돌리는 태도는 귀감이 됩니다. 다시 한 번 본서 출간을 축하드리며 하나님의 크신 은총과 축복을 기원합니다.

발간축사

최영우

장로/박사
아시아 한인CBMC 증경 총회장
전)홍콩 한인 회장님

더 좋은 세상을 위하여!

지난 몇 년동안 코로나팬데믹, 우-러전쟁, 이-팔전쟁, 미-중갈등 세계 여러 곳에서의 지진 등 어두운 여건으로 인한 사회적 불안정, 경제환경 변화 가운데서도, 사람들은 밝은 미래를 향하여 끊임없이 도전해 나가고 있다고 생각합니다. 우리가 살고 있는 이 세상, 그 사회를 좀 더 나은 사회를 만들기 위해 나누고, 섬기는 봉사가 있기에 그래도 우린 희망을 갖고 밝은 미래를 꿈꾸며 도전하게 됩니다.

그런 가운데 세계봉사단이란 공동체를 만들어 이를 시행하고 있는 한 사람이 구재규 박사라고 생각합니다. 먼저 세계봉사단의 봉사활동에 시간과 노력을 기부하고 있는 소식을 해외에서 접하면서 깊은 감동과 격려를 보냅니다. 봉사 단체를 이끄는 구회장의 노고와 지도력은 많은 팀원들에게 큰 영감과 격려가 될 것이라고 생각합니다. 어려운 시대에 변화를 이끌어 낼수 있는 능력을 갖추고, 봉사의 가치를 행하여 많은 사람들의 귀감이 될 줄 믿습니다.

  그동안 다양한 활동을 통해 체험하면서 얻어진 생각과 통찰을 품고 발표한 기사들을 모아 책자의 출간으로 그동안의 열정과 노력이 훨씬 더 큰 영향력을 퍼뜨릴 수 있으며 많은 사람들이 봉사의 아름다움과 가능성을 알게 될 것이며 우리 사회에 긍정적인 변화가 이루어 질것입니다. 먼저 책자의 발간을 축하드리며 앞으로도 봉사단체를 위해 더욱 노력하고 지원해 주는 많은 사람들에게도 위로가 될 것이라고 믿습니다. 자서전적 책자 출간으로 봉사활동의 여정에서 더 많은 성과를 기대합니다. 진심으로 축하 드리며 더 큰 성공을 이루시길 기원합니다. 감사합니다.

발간축사

김 실

前 인천고등학교 교장
인천시교육위원회 의장

    2025년 새해가 시작되었다. 세월은 삶을 살고 있는 모든 사람에게 의미있게 자신을 위하여 보람있는 시간을 보내길 바라지만 대부분의 사람은 그저 그렇게 보낸다. 하지만 주어진 시간을 자신을 위하여 열심히 살다보니까 옆에 같이 살아가는 사람에게 보고 배우며 삶의 새로운 가치를 창조하게 하는 멋진 사람도 보게 된다. 2000년 이전까지 우리고장 인천은 다른 지역에 비하여 예술, 특히 미술분야가 그렇게 활력이 넘치지 않았다. 예로 뜻있는 미술작가님이 자신의 세계를 펼쳐보려면 멋진 작품을 걸 수 있는 번듯한 갤러리 하나 제대로 없어 관공서의 여유있는 공간을 빌리거나 당시 사람이 많이 모이던 다방 '은성다방, 소월다방, 설매다방' 등에서 조명도 없이 전시하는 구차한 환경이었다. 하지만 어렵게 미술전시환경을 바꾸어 많은 고객에게 감동주는 주인공이 있기에 가능하였다. '김진경 관장, 김민자 회장' 등이 고객인 작품 전시하려는 화가, 작품 관람하려고 작품을 찾는 미술작품 관람객, 보다 좋은 작품에 마케팅하려는 고객 등이 슬기롭게 엮어 찾아가는 갤러리를 만들어 가는 능력과 감동적인 고객무대에 더 많은 고객이 찾아오도록 널리 홍보하는 구재규 회장이 있어 지금 인천의 예술계는 새로운 르네상스를 만들고 있기에, 오늘도 찾아보는 전시 작품이 어제 보다 더 다르게 보이는 행복한 예술세계를 만들어 주는 구재규 회장에게 미소를 보낸다.

발간축사

김시우

성산효대학원대학교 석좌교수
前 부총장 효학박사1호, 원로장로, 시인

구재규 세계봉사단 단장 만세!

구재규 세계봉사단 단장님은 섬김과 봉사의 왕이시요,
재림신앙으로 주님 기적을 체험한 착하고 충성된 종,
규범과 질서를 존중히 여기는 모범 시민이요 애국자!

세계사진관 대표로 시작 세계걸작사진연구소장이요
계속하여 노력하는 작가요 사업가, 존경받는 박사님,
봉사상 등 수없이 많은 수상으로 해외포상여행도 여러 번
사명에 충성하여 국제라이온스클럽 최우수 봉사상 등
단합엔 솔선수범으로 교회와 봉사단체를 활성화 시켜
조직을 사랑과 봉사의 공동체로 섬김의 리더십 큰 지도자
직장에 2등으로 입사하여 아이디어 제안 왕 2등으로
단단한 면학과 노력으로 뭇 신문 명 칼럼리스트요 저술가.

장하다. 창조주 기뻐하시는 사랑과 섬김의 봉사왕 만세!

구재규 박사님의 삶은 하루를 48시간 이상으로 갈고 닦아, 하나님이 가장 기뻐하시는 이웃사랑과 봉사로 멋진 삶을 살아오신 인생과 신앙의 체험과 섬김의 리더십을 엮어 네 번째 역저인 멋진 자서전으로 출간하심은 인류봉사문화사에 귀감이 되는 쾌거로 경의를 표하며, "인생에서 무엇이 중한디?"를 탐구하는 분들에게 일독을 강추드립니다.

발간축사

김재엽
(사)한국예총 인천광역시연합회장

『세계는 넓고 찍을 곳은 많다』 책자 발간을 진심으로 축하드립니다.

항상 구재규 세계봉사단 단장님은 봉사자와 오피니언 리더로서 각 언론매체에 기고를 통해 인천지역사회 발전과 국가발전, 어려운 이웃들에게 봉사활동을 통해 나눔 문화를 몸소 실천하고 계십니다.

이번 『세계는 넓고 찍을 곳은 많다』 책자는 그동안 구재규 단장님의 생각과 활동사항을 보여주는 에센스라고 생각합니다. 특히, 설명절 이웃들에게 따뜻한 마음을 담은 쌀 전달, 폐지 줍는 어르신들에게 장갑 선물과 국밥 대접 나눔 봉사, 캄보디아 초등학교 교육시설 개선사업 지원을 통하여 이웃사랑, 국가사랑, 환경사랑을 여실히 보여주고 계십니다.

다시 한 번 책자 발간을 통해 봉사활동 하신다는 소식에 진심으로 감사드리고 지역사회와 함께 할 수 있도록 응원하겠습니다.

감사합니다.

발간축사

이대형

인천광역시자원봉사센터이사장
인천광역시교원단체총연합회장
국립)경인교육대학교 교수

『세계는 넓고 찍을 곳은 많다』라는 저서를 발간하는 구재규 박사님께 축하의 말씀을 전합니다.

저자 구재규 박사는 어느 행사장을 가든 큰 카메라 메고 주머니에는 큰 수첩을 넣어서 불룩한 채 동분서주하시는 것을 매우 자주 보았습니다.

제가 아는 구박사님은 훌륭한 사진작가이면서도 여러 봉사단체에 속하여 봉사도 하며, 때로는 유튜브 촬영 연수도 진행하시고, NGO 활동까지 멀티플레이어로 알고 있습니다.

또한 하나님을 섬기는 믿는 사람으로 믿음도 매우 깊다고 알고 있습니다.

이처럼 많은 일을 하시면서도 틈틈이 기고하신 컬럼을 엮어서 책으로 출간 하신다하여 그 옥고를 여러분에게 추천하고 싶습니다.

흔히 책을 출간한다는 것은 자기의 생각이나 자기의 모든 것을 온전히 드러내는 일 일 것 입니다.

그리고 그것을 통해 독자들과 교감하는 것입니다. 그런 면에서 구 박사님의 삶의 궤적을 글로 남긴만큼 그 내용은 우리의 마음에 공감과 감동으로 가슴에 울림을 줄 수 밖에 없을 것입니다.

어떤 일에 고수가 된다는 것은 어디를 가든 꽃길을 만들어가는 사람일 것입니다. 구박사님의 삶을 불태우고 있는 하나님 사랑과 이웃사랑, 세계 어린이 사랑, 환경사랑을 하는 물결이 이 책을 통해 독자 여러분의 마음에 확산되어 가기를 바라며, 독자 여러분들에게 『세계는 넓고 찍을 곳은 많다』를 강추합니다.

발간축사

손범규

국어학 박사
전 SBS 아나운서 부국장
전 제14대 한국아나운서 연합회장
전 인천광역시 홍보특별 보좌관
현 국민의힘 인천광역시당 위원장

세계는 넓고 할 일은 많다고 했습니다.

그런데 구재규 박사님은 자신의 재능으로 평생 우리 삶의 현장에서 사랑과 봉사, 헌신의 모습들을 찍어 왔습니다.

구재규 박사님의 『세계는 넓고 찍을 곳은 많다』는 그 동안의 구재규 박사님의 삶의 과정을 짐작할 수 있는 책입니다. 두 권의 책을 써 본 저로서는 책을 쓴다는 것은 '자신을 보여주는 일'이기에 정말 힘든 일이라는 것을 잘 알고 있습니다.

종교 현장에서, 봉사 현장에서 언제나 묵묵히 기록하고 사진으로 역사를 남긴 구재규 박사님의 책은 우리 사회를 더 발전시키는 소중한 재산이 될 것이라고 생각합니다.

거짓을 이기는 것은 진실입니다.

열정과 봉사정신으로 평생을 살아오신 구재규 박사님의 앞으로의 활동을 응원드리며, 박사님의 사랑이 이 세상에 충만하기를 기원합니다.

빌립보서의 말씀처럼 '내려 놓고, 비워 놓고 섬기는 빛과 소금이 되는' 구재규 박사님의 저서 출간을 다시 한 번 축하드립니다.

CONTENTS

Prologue ·· 4
발간축사 ·· 6

Part I
구재규의 뉴스펜
생각과 통찰을 품은 신문칼럼

01. 충효 정신이 국가 경쟁력이다 ·· 32
02. 함께 꾸는 꿈, 지역 균형발전 ·· 36
03. 글로벌 기업가 정신이 나라를 이끈다 ······································ 41
04. 평생교육으로 인생 2막을 열자 ·· 45
05. 가장 위대한 스승, 부모 ··· 48
06. 사진이 꿈꾸는 세상 ·· 52
07. 사진의 힘 ··· 56
08. 세계적 보고寶庫 '한글' ·· 60
09. 새 대통령에게 바랍니다 ··· 63
10. 자랑스러운 대한민국을 만드는 힘, 학교 ··································· 67
11. 대한민국은 열공 중 ·· 70
12. 통일로 가는 길 ·· 74
13. 민족통일 이루려면 국민화합 우선돼야 ····································· 78

14. 한국 세계 영적 강국 ··· 80
15. 책을 읽는 리더는 세상을 이끄는 리더가 된다 ············· 83
16. MZ세대에 거는 기대 ·· 87
17. 리더는 유리지붕 속에 산다 ··· 90
18. 경주 최부잣집 노블레스 오블리주 ······························ 93
19. 희망과 행복 주는 존재, 봉사자 ··································· 97
20. 나눌수록 행복한 세상이 가까워집니다 ···················· 100
21. 주폭이 조폭보다 더 무섭다 ······································· 102
22. 담배 피울수록 줄어드는 수명, 왜 금연인가? ··········· 104
23. 스마트폰, 카페인 우울증 ··· 108
24. 전 국민이 건강한 나라 ··· 111
25. 북한은 베트남의 변화를 보라 ···································· 115
26. 대만 단상 ··· 119
27. 상하이를 다녀와서 ·· 124
28. 중국 관리들은 위대한 세일즈맨 ································ 128
29. 하와이 이민 뿌리를 찾아 ··· 133
30. 하와이 이민 111주년 뿌리 찾기운동 1 ···················· 137
31. 하와이 이민 111주년 뿌리 찾기운동 2 ···················· 142
32. 사할린 선교 여행을 다녀오면서··· ···························· 145
33. 사할린을 다녀와서 ·· 151
34. 해외봉사는 곧 민간외교활동이다 ······························ 155
35. 결혼, 이 세상 가장 아름다운 예술 ··························· 163
36. 출산이 곧 국력이다 ·· 166

37. 한 나라의 인구는 국력을 상징한다 ·········· 169
38. 가족, 사랑과 믿음이 삶의 원동력 ············ 173
39. 가정이 건강해야 나라도 건강 ·················· 175
40. 젊은 노인이 많아야 대한민국이 산다 ······ 177
41. 부모님의 황혼 취업 ······································ 180
42. '아픈 장수'는 축복 아니야 ························· 182
43. 인류 생존을 위협하는 바이러스 ··············· 185
44. 출근길 노인유치원 노란 버스 ··················· 188
45. 내 고장 인천사랑 애향심 운동 ················· 192
46. 녹색성장 도시 메카 인천 ·························· 196
47. 한류열풍 메카 인천에서 ···························· 199
48. 아름다운 환경은 후세에 물려줘야 할 귀중한 자산 ·· 202
49. 인간과 자연이 공존하는 삶 ······················ 206
50. 행사 인사말은 짧을수록 좋다 ··················· 208
51. 잘 관리하면 보물단지, 명함 ······················ 210
52. 박수가 있는 곳에 기쁨이 있다 ················· 212

Part II
언론 속의 구재규
신문기사 모음

[경기신문] 사랑과 희망의 바이러스 전파자, 세계봉사단 ······ 216
[인천일보] 평범한 사람들 '소확행'을 찾다 ······ 225
[인천일보] 제17회 인천경기 환경대상 후보 – 개인부문 ······ 228
[조은뉴스] 사진과 함께한 나눔봉사 ······ 230
[내일신문] 행복을 찍어 드립니다 ······ 234
[인천시 청소년 인터넷 잡지 'MOO'] 구재규 사진작가 ······ 236

Part III
구재규의 단상과 정경
언론 화보

[언론화보] ······ 240

부록
간증&명언

[간증] 위대하고 강하신 주님 간증합니다 ······ 246
[간증] 세계봉사단 탄생 동기 ······ 251
내 삶에 힘이 되는 명언 ······ 258

맺는말 ······ 271

세계는 넓고
찍을 곳은 많다

Part I
구재규의 뉴스펜

생각과 통찰을 품은
신문칼럼 모음

충효 정신이 국가 경쟁력이다

우리나라는 오래전부터 '동방예의지국東方禮義之國'이라 불렸다. 근·현대 시기 우리나라를 다녀간 외국인들이 쓴 글에 그렇게 실렸고, 우리 스스로도 그렇게 자부했다. 1960~70년대 학교에서는 물론 주변 어른들로부터도 흔히 들을 수 있는 말이 이것이었다.

예의는 존경과 겸애와 사랑이 모두 함축된 말이다. 이러한 마음이 충만하고 어우러져야 자연스럽게 발로되는 것이 예다. 예의는 또 충효와 연결된다.

왕조국가에서 나라를 지탱하는 근본사상은 충효였다. 우리나라도 예외는 아니다. 우리가 익히 들어 아는, 원광법사가 가르친 신라 화랑도의 계율 '세속오계'의 첫째, 둘째 항목이 '사군이충事君以

忠'과 '사친이효事親以孝'다. 나라에 대한 충성과 부모에의 효도인 것이다.

이러한 전통은 나라가 바뀌더라도 면면히 이어져 왔고, 유교문화가 생활 깊숙이 자리 잡은 조선 500년은 '충효의 시대'라고 해도 과언이 아닐 정도로 충과 효가 국가의 가장 중요한 통치이념이었다.

그러나 충과 효가 충돌하면 효를 앞세웠다. 그만큼 조상과 부모에 대한 효를 강조한 사회가 조선이었다. 부모가 사망하면 아무리 좋은 관직에 있더라도 즉시 물러나 묘 옆에 초막을 짓고 3년간 시묘살이를 하는 것이 당연한 도리였다.

나라에 일이 생겨 임금이 불러도 좀체 나가지 않았고, 또 그것이 용인됐다. 정 다급하면 명을 통해 기복起復, 복상 중인 관리에게 직무를 보게 하던 제도시키기도 했으나 드문 경우였다. 자식이 출세해 부모나 조상의 위명을 높이는 것, 이를 지고의 효로 여겼다.

"효자 집안에서 충신 난다"는 것이 조선시대 500년을 관통해 온 명제였다.

사례四禮는 관혼상제冠婚喪祭를 가리킨다. 고귀한 신분부터 서민에 이르기까지 보편적으로 적용됐던 예제다. 여기서도 가장 중요했던 것이 상례와 제례다.

'봉제사접빈객奉祭祀接賓客'으로 대표되는 조선사람들이 성묘나 제례를 대하는 관념, 자세, 실행은 정말 남달랐다. 요즘 시대를 살아가는 우리의 상상을 훌쩍 뛰어넘는다. 그 생생한 모습들이 각종 문헌을 통해 적지 않게 전한다.

'자효쌍친락 가화만사성 子孝雙親樂 家和萬事成'. 자식이 효성을 다하니 부모가 즐겁고, 집안이 화목하면 만사가 잘 이뤄진다는 말이다. 오래도록 많은 집들의 가훈으로 널리 쓰였던 성어다.

이처럼 충과 효는 천년이 훌쩍 넘는 오랜 세월 국가와 사회를 유지하고 사람들 간의 '사람다운' 관계를 규정해 온 이념이자 사상이며 실천강령이었다.

영국 역사학자 토인비Toynbee는 우리나라의 효사상·경로사상·가족제도 등에 대해 깊은 찬사를 보냈다. 그는 "만약 지구가 멸망해 인류가 다른 별로 이주한다면 꼭 갖고 가야 할 문화가 바로 한국의 효"라고 극찬했다.

미래학자 앨빈 토플러는 한국의 효사상이 세계에서 제일 낫다고 했고, 인도의 시성 타고르가 한국을 '동방의 등불'로 표현한 데에는 국민들의 꺾이지 않는 신념과 대한민국의 효 사상을 염두에 두었을 것이다.

막스 베버는 어떤 정부라도 국민들이 자기 나라에 대해 애착심과 귀속감을 갖도록 교육시키지 못하면 결코 영속할 수 없다고 설파했다.

무척 오랜 세월이 지나고, 사회가 변해도 충과 효의 중요성은 아무리 강조해도 지나치지 않을 것이다. 나라를 나라답게, 사람을 사람답게 만드는 것이 바로 충효에 기반한 도덕 예의염치이기 때문이다.

하지만 지금 우리 사회는 어떤가?

먹고 사는 데 필요한 물질은 넘쳐나고 소유를 기준으로 한 사람들의 삶은 하루가 다르게 윤택해지고 있다. 이러한 가운데 많은 사람들이 더 많은 것을 갖기 위한, 더 높은 곳에 오르기 위한 치열한 경쟁에 내몰리고 있다. 윤리나 도덕, 겸애, 사랑의 정신이 자리할 틈이 없다.

이러한 가운데 사회는 점점 삭막하고 살벌해지고 곳곳에서 차마 듣기에도 참혹하고 어처구니없고, 낯 뜨겁고, 절망스러운 일들이 하루가 멀다 하며 터져 나오고 있다. 그저 침통할 뿐이다.

과연 이런 상태로 나라는 어디로 갈 것인가? 냉정하게 되묻지 않을 수 없다.

지금 한창 벌어지고 있는 하마스-이스라엘 간 전쟁은 우리에게 좋은 교훈을 주고 있다. 최첨단 무기, 압도적인 물리적 국력이 안보를 자동으로 보장해 주지 않는다. 인구와 경제력, 군사력에 앞서 전쟁의 승패나 국가의 운명을 좌우하는 것은 '국민의지national will' 와 '국가전략'이 더 중요하다는 것이다.

가정이나 학교에서 예절, 효교육을 강화해야 할 이유가 여기에 있다. 어린 시절, 명절이면 주변 어른들을 찾아다니며 공손히 세배드리고 덕담을 듣고 맛있는 것도 얻어먹었던 그때의 의미가 새삼스럽게 다가온다.

구재규 세계봉사단 단장·인천유투버쇼츠사관학교 교장
– 미디어경인 (2023.11.02.)

함께 꾸는 꿈, 지역 균형발전

　5천만 인구에 국민소득이 3만 달러인 나라는 전 세계에 7개라고 한다. 대개 산업화, 민주화로 성공한 나라들인데 우리나라도 그중 하나다.

　하지만 지금 대한민국은 세계 최저수준의 출산율과 이에 따른 고령화 문제가 심각한 실정이다. 노인인구 1천만 명을 넘어서는 초고령사회 진입을 앞두고 있다.

　특히 수도권과 비수도권, 원도심과 신도시 간 격차와 불균형은 날이 갈수록 심화되고 있다. 양질의 일자리와 편리한 사회 인프라, 쾌적한 주거환경을 찾아 사람들이 몰리면서 수도권과 신도시는 인구가 넘쳐나는 반면 많은 지방도시들은 주민 수가 급격히 줄어드는 가운데 이러한 상태가 지속된다면 머지않아 '소멸'될 수도 있다는 암울한 전망에 직면하고 있다.

　우리나라는 전 국토의 12% 수준인 수도권에 인구의 절반 이상이 살고 있다. 중견기업의 76%가 수도권에 집중해 있다.

통계청 '장래인구특별추계'에 따르면 2017년과 비교했을 때 오는 2047년에는 경기, 세종, 충남, 제주, 충북, 인천 등 6개 시·도의 인구만 증가하고 다른 시·도의 인구는 감소할 전망이다. 비수도권의 인구비중은 2020년 5월 49.8%까지 떨어졌으며, 이후 지속적으로 감소세에 있다.

권경석 전 지방자치발전위원회 부위원장리셋코리아 지방자치분과장은 자신의 글에서 "1995년 지방자치제 부활 이후 역대 정부는 '지방이 살아야 나라가 산다'며 수도권 과대·과밀 억제와 소멸 위기의 지방 살리기를 추진했다. 이를 위해 지역 균형발전에 역점을 두고 지방자치 분권, 세종시 건설, 공공기관 지방이전 사업 등을 중점적으로 해왔다. 하지만 수도권서울·인천·경기 인구는 2019년 9월 기준 전국 인구5천170만9천 명의 50%를 사상 처음 돌파했고 지금도 증가세다. 반면 지방은 인구 유출과 저출산·고령화로 공동화 현상이 갈수록 심화하고 있다"고 밝혔다.

2018년에 나온 '한국의 지방소멸 보고서'는 앞으로 30년 안에 시·군·구와 읍·면·동의 40% 소멸을 예고했다. 역대 정부의 지방 살리기 노력은 결과적으로 실패했고, 근본 원인은 권한의 중앙정부 집중에 있다. 수도권에는 인재·재원·정보·첨단기술·주요기업 등 중추 관리기능의 80%가 몰려 있다. 수도권은 지방의 모든 것을 빨아들이는 '블랙홀'이라고 보고서는 지적했다.

이러한 현상을 하루빨리 극복하기 위해서는 정부의 정책이 물론 가장 중요하지만 국민들의 인식 전환과 관심 증대도 중요하다. 다행히 최근 들어 귀농, 귀어 등 수도권 이외 지역으로 향하는 젊은 층의 발길이 늘어나고 있다. 매우 반가운 일이다.

봉사단을 꾸려오고 있는 필자도 우리나라 지역 곳곳을 방문하는 일이 적지 않다.

강원도 정선의 산골 탄광촌 4개 마을을 찾아 영정사진, 가족사진을 촬영해 액자에 담아 전달해 주거나 농촌에서 영농철 부족한 일손을 돕기도 했다. 힘든 일을 마치고 주민들과 함께 막걸리에 맛있는 부침개를 먹으며 정을 나누었던 기억이 아직도 또렷하다.

특히 지난 5월 찾았던 충남 부여군에서 인구 증가를 위해 펼쳐지고 있는 노력에 큰 감동을 받았다. 장성용 의장과 장소미 의원 등 부여군의회는 청년인구 유입 농부 육성, 귀농·귀촌정책, 기업유치 산업단지육성 일자리 창출을 의정의 중점 목표로 두고 적극적인 활동을 하고 있다.

청년인구 유입 농부 육성 프로그램의 일환인 지역특산물 재배 농장을 둘러보면서 세계적인 투자자 짐 로저스의 "농업이 미래다"라는 말처럼 많은 청년들이 미래 유망 산업으로 농업을 선택하는 일이 많아지길 기대해 보기도 했다.

애향심으로 똘똘 뭉쳐 난국을 헤쳐나가 꽃보다 아름다운 도시, 자랑스러운 내 고장을 만들어 가야 한다. '원래조선수목願來鳥先樹木', 즉 '새가 오기를 원하면 먼저 나무를 심어라. 나무를 심지 않고 허허벌판에서 새가 오기를 기다려선 안 된다. 좋은 숲을 만들어야 좋은 새가 날아온다'는 말이다.

농촌은 뿌리요 도시는 꽃이다. 뿌리 없는 꽃이 가능하겠는가? 꽃이 없는 나무에서 어떤 결실을 얻을 수 있겠는가. 모두가 불가능한 일이다. 뿌리가 튼튼해야 꽃이 활짝 피고, 꽃이 만개할수록 열매는 풍성하다.

　대한민국의 미래를 위해 가장 시급한 과제는 지역 간, 도시 간 균형과 상생이다. 그래야 심각한 저출산, 교육 등 문제도 해결될 수 있다. 국민들의 관심과 인식의 전환이 무엇보다 필요한 때이다.

구재규 세계봉사단 단장 · 인천유투버쇼츠사관학교 교장

– 미디어경인 (2023.10.13.)

글로벌 기업가 정신이 나라를 이끈다

세계는 매일매일 전쟁을 치르고 있다. 경제적 이익을 둘러싼 '소리 없는 전쟁'이 지구촌 곳곳에서 벌어지고 있다. 무역과 기술 개발, 원재료 확보 등을 위한 경쟁이 한 치의 양보도 없이 치열하게 펼쳐지고 있는 게 요즘의 현실이다.

우리나라도 예외일 수 없다. 1960~80년대 세계를 누비고 다녔던 무역상사 일꾼들과 남태평양 및 대서양의 거친 파도와 싸웠던 선원들, 중동 사막의 뜨거운 모래바람에 당당히 맞섰던 근로자들의 피 같은 땀방울이 '세계 최빈국' 대한민국이 지금의 '경제대국'으로 일어서는 든든한 밑거름이 됐다. 오늘도 선조들의 이러한 불굴의 정신을 이어받은 수많은 기업가들이 회사, 나아가 국민과 국가를 위해 혼신의 노력을 쏟고 있다.

얼마 전 부평구경영자협의회 회원 30여 명과 함께 세미나를 겸해 1박2일 일정으로 진주 지수초등학교를 다녀왔다. '세미나에 무슨 초등학교?' 하겠지만 그럴만한 이유가 있다. 100년의 역사를 간직한 이곳은 우리나라 경제사에 엄청난 족적을 남긴 전설적인 학교다.

　삼성그룹 창업주 호암 이병철, LG그룹 창업주 연암 구인회, 효성그룹 창업주 만우 조홍제가 바로 이 학교 출신이다. 이병철 회장은 의령, 조홍제 회장은 함안 출신이지만 이곳으로 유학을 왔고 나이는 달라도 같은 시기에 학교를 다녔다. 교정에는 구인회 회장이 심었다는 소나무가 지금도 자라고 있다.

　놀랄 일은 이뿐만이 아니다. 제1회 졸업생인 이들 3명의 창업주 외에 이 학교는 구철회3회, 허정구5회, 구정회11회, 구태희12회, 허준구13회, 구자경14회, 구평회15회, 구두희17회, 허신구18회, 허신, 유영수20회, 허완구25회, 허남각, 이병인26회, 최종락, 구자정28회, 구자신, 허동수, 구산회30회, 허승효, 허창선32회, 이수환40회, 유해성, 구행회42회, 이균필44회, 이윤수52회 등 우리나라 경제계의 거두들을 줄지어 배출했다.

　이곳에서 만난 마을 주민은 "1980년대 대한민국 100대 부자 중 30명이 이곳 출신이었다 해도 과언이 아니다"며 "자녀의 성공을 기원하는 학부모들이 매년 입시를 앞두고 찾았으나 최근 들어서는 지수면이 '기업가 정신의 수도'로 널리 알려지면서 기업인과 관광객들의 발걸음이 부쩍 늘고 있다"고 말했다.

　다른 지역과 마찬가지로 인구 감소와 함께 젊은 층의 대거 이탈로 학생 모집에 많은 어려움을 겪다가 얼마 전 K-기업가정신센터로 탈바꿈, 혁신과 도전의 기업가 정신을 전파하고 있다. 진주지역에서 발현한 기업가 정신은 '작은 이윤에 연연하지 않고 사람을 중심으로 의로운 이익을 추구하고 사회적 책임을 수행한다'는 것이다.

우리나라에서 재벌을 바라보는 국민들의 시선은 그리 곱지 않은 게 사실이다. 진보정권이 들어설 때마다 재벌개혁이 늘 화두에 오른다. 많은 재벌들이 창업과 성장, 수성의 과정에서 적절하고 공정하고 도덕적이지만은 않았다는 점은 부인할 수 없다.
하지만 찢어지게 가난하고 어려웠던 시절, 나라 경제가 일어서는 토대를 닦았고, 국민들을 먹고살게 했으며, 첨단경쟁의 시대인 21세기 세계 시장에서 반도체와 자동차, 방산, 가전 등 몇몇 분야에서 맹위를 떨치며 경제강국 대한민국의 위상을 만방에 과시하고 있는 점 또한 분명한 사실임은 인정하지 않을 수 없다.

미래 먹거리를 위한 국가 간의 경쟁은 한층 더 치열해질 것이다. 이러한 현상은 나라뿐 아니라 세계 도시와 도시 사이, 한 나라 안의 도시와 도시, 지역과 지역 간에도 마찬가지로, 이미 일부에서는 그러한 상황이 펼쳐지고 있다.
과거에는 국제분쟁이나 전쟁의 원인이 이념, 사상, 종교, 민족 갈등으로 인한 것이 대부분이었지만 앞으로는 '경제, 이익, 자원'이 그 자리를 대체할 것이라는 전망이 지배적이다.

  국익이 무엇보다 우선되는 글로벌 초경쟁의 시대, 우리에게는 융합 혁신적인 리더십과 불굴의 기업가 정신으로 무장한 지도자가 절실히 필요하다.

구재규 세계봉사단 단장
- 미디어경인 (2023.09.19.)

평생교육으로 인생 2막을 열자

1960~80년대 학교에 다녔던 지금의 장년층들은 학창시절 정규교육을 받은 것이 전부다. 다른 공부라고 해봐야 입시를 위한 과외를 하거나 보습학원을 다닌 정도다. 졸업 후 사회생활을 시작하면 직장을 퇴직할 때까지, 또는 정년 이후에도 '배움'이라는 것은 거의 생각하지 못했던 그런 시절이었다.

그때를 비춰 지금을 보면 격세지감이라 하지 않을 수 없다. 하루하루가 급변하는 정보화, 디지털 시대에 불과 20~30년 전 배운 것은 말 그대로 '옛것'이 돼 사용할 수 없는 세상이다.

이러한 변화의 패러다임에서 평생교육의 중요성이 날로 더하고 있다. "평생교육을 안 시키면 국가의 미래가 없다"는 말이 나올 정도다. 100세 시대에 첫째가 평생 건강이고, 둘째는 평생 직업이며, 마지막 셋째가 평생학습시대 평생교육이 중요하다. 평생교육을 통해 인생 2막, 3막을 열어가는 게 점점 필요해지고 보편화하고 있는 것이 작금의 현실이다.

지금 사진을 업業으로 하고 있는 필자는 직장에 다닐 때부터 '일취일예일기 日趣日藝日技 · 한가지 취미, 한가지 예술, 한가지 기술'로 사진촬영을 시작했다. 기술의 중요성을 항상 강조하셨던 선친의 영향 때문이었다.

선친께서는 생전에 "글로벌 시대 삼성전자의 수준 높은 기술은 포수의 총에 맞지 않는다"는 말을 강조하셨다. "잘하는 일을 직업으로 삼고 좋아하는 일을 취미로 하라", "잘하지 못하는 일을 직업으로 하면 취미를 즐길 여유도 시간도 없어진다"는 말도 자주 하셨다.

자기 분야에서 고수가 되면 어디로 가든 꽃길이다. 사랑받고 인정받고 쓰임받게 된다.

독일 속담에 "좋은 기술을 가지면 금광을 가진 것과 같다"는 말이 있다. 또 교육의 힘을 강조한 빌리 브란트 전 독일 수상은 "19세기는 무력이 강한 나라가 세상을 지배했고, 20세기는 산업을 일으켜 경제가 부강한 나라가 세계를 좌지우지 했지만, 21세기는 후세 교육을 잘한 나라가 세계를 이끌 것"이라고 했다.

4차 혁명의 시대가 치열하게 펼쳐지고 있다. 한강의 기적을 다시 한 번 일으켜 민족의 저력을 세계만방에 발휘할 때다. 이 경쟁을 이겨낼 수 있는 굳건한 토대가 바로 국민들의 평생교육이라고 글쓴이는 생각한다.

요즘 각 지방자치 단체나 도서관, 학교 등에서 문화교실, 건강교실, 음악, 서예, 유튜버 교육 등 다채로운 교육프로그램들이 진행되고 있다. '평생교육의 잔치마당'이라 해도 과언이 아닐 정도다.

좋은 것 많이 배워서 칭찬문화, 천국문화를 만들자. 가짜문화는 지옥문화이다.

인생의 멋진 일은 대부분 인생의 후반부에서 일어난다. 사람은 나이를 먹는 게 아니라 포도주처럼 익어 가는 것이라고 하지 않는가. "끝이 좋아야 시작이 빛난다"라는 속담은 시작도 좋지만 마무리도 좋아야 한다는 점을 잘 보여준다.

그러려면 장년 이후 건강관리가 무엇보다 중요하다. 미국 대학 스포츠의학회ACSM가 1977년 제안한 건강운동 가이드라인 7330은 1주일에 3번 이상 30분씩 운동하자는 것이다. 또 어느 외국 논문에는 전 국민 체력단련비를 1달러 투자하면 전 국민 의료비가 10% 절감된다는 이야기도 있다.

굳이 거창하지 않더라도 생활체육을 통해 건강을 꾸준하게 관리해야 한다. 요즘에는 그런 시설이나 공간들을 주변에서 쉽게 찾아볼 수 있다. 퇴근 후 공원이나 주민자치센터 등 곳곳에서 운동에 땀을 쏟는 사람들은 이제 흔히 보는 풍경이다.

조선시대 명의 허준 선생은 "좋은 음식은 건강을 지켜주는 명의다"라고 했다. 운동과 함께 섭생의 중요성을 강조한 말이다.

우리 모두 건강하게 평생공부, 평생교육 하면서 멋진 인생 살아갑시다!

구재규 세계봉사단 단장 · 인천유투버쇼츠사관학교 교장
– 미디어경인 (2023.08.29.)

 05

가장 위대한 스승, 부모

　5월은 가정의 달이다. 가정은 행복한 삶을 이끄는 가장 기본적인 공동체로, 그 중심에 부모님이 있다.
　모든 교육 중에서 가정교육이 으뜸이다. 한 분의 아버지, 어머니가 백명의 스승보다 낫다는 말이 나온 배경이다.
　박목월 시인의 아들 박동규 교수는 어느 조찬모임 특강에서 가족의 소중함을 말했다. 시인은 아침에 식사하면서 자식들의 머리를 쓰다듬어 주며 자상하게 대화를 나눴다. 또 집에 들어가면 늘 따뜻한 밥을 해주며 맞아주는 어머니가 있어 '가정의 푸근함과 소중함'을 느꼈다고 한다.
　자식을 향한 부모의 헌신은 끝이 없다. 잘났건 못났건 부모의 사랑은 한결같고 지극하다.

　'발명왕' 에디슨의 멘토는 어머니였다. 친구이자 선생이었다. 에디슨은 학교 선생님에게 '얼간이', '구제불능'이라고 꾸지람을 받기 일쑤였다. 결국 학교생활에 적응할 수 없다는 판단과 함께 낙제를 했으며 3개월 만에 정규교육을 마쳐야 했다.

에디슨은 청년 시절에 청각 장애를 겪었는데, 그가 미국에서 받은 발명특허 개수만 해도 무려 1,300개 이상이나 된다. 특히 1879년의 백열전구 발명은 인류 역사를 바꿀 만한 획기적인 일이었다.

"천재는 99%의 땀과 1%의 영감으로 이뤄진다"라는 말로도 유명한 에디슨을 많은 사람들이 기억하지만 정작 그의 어머니 낸시 엘리엇1810~1871 여사를 알고 있는 사람은 별로 없다.

우리는 종종 에디슨에게 '한 사람이 어떻게 이렇게 많은 것을 발명할 수 있었을까?'라는 궁금증을 품게 되는데, 해답은 사실 그의 어머니 낸시에게 있다. 낸시는 인내하는 어머니였다. 그녀는 아들이 친구들과 선생님에게 따돌림받는 것을 인내했고, 에디슨이 학교에서 쫓겨난 뒤에는 아들의 든든한 친구이자 선생님이 됐다.

"나를 믿어주는 어머니를 실망시켜 드리지 않기 위해 훌륭한 사람이 돼야겠다고 다짐하고 또 다짐했다."

아들의 무모함과 호기심 가득한 말과 행동에 언제나 희망을 말하던 낸시, 그녀의 긍정과 희망이 위대한 발명왕 에디슨을 만든 것이다. "내 아이는 분명 훌륭한 사람이 될 것입니다. 나는 그를 믿고 기다리는 중입니다."

천재 물리학자 알베르트 아인슈타인은 어린 시절 판에 박힌 학습과 교육방식에 적응하지 못해 학교에서는 악평을 받았고 라틴어, 지리, 역사 과목에서는 낙제하기도 했다. 고등학교 시절까지만 하더라도 학습 부진아였던 그가 절망적인 현실을 딛고 성공할 수 있었던 건 아들의 가능성을 믿고 이끌어 준 어머니의 격려 덕분이었다.

요즘 영국 프로축구계를 주름잡고 있는 자랑스러운 손흥민 선수. 초등학교 3학년 때 축구선수 출신인 아버지에게 축구를 가르쳐달라고 하자 아버지 웅정 씨는 '나처럼 축구하면 안 된다. 나와 정반대 시스템으로 지도하겠다'라고 다짐했다. 그는 "안 되면 될 때까지 시켰다"라고 회고했다. 손흥민은 언젠가 "나의 축구는 온전히 아버지의 작품이다"라고 말했다.

아버지는 아들이 16살이 되기까지 정식 경기에 내보내지 않았고, 7년간 기본기를 집중적으로 가르쳤다. 25살이 됐을 때 최고의 기량을 발휘할 수 있도록 단계별 훈련 프로그램을 짰다. 또 양말을 신거나, 바지를 입을 때 왼발부터 시작하도록 했다. 하루에 오른발, 왼발 각각 500개씩 슈팅을 하도록 훈련을 시켰다.

이처럼 부모의 자식에 대한 사랑과 헌신, 자식의 부모에 대한 효는 자기계발과 성공신화로 이어지며 나라를 빛내고 지구촌 인류에 희망을 주어왔다.

폴 케네디 하버드대 교수는 한국이 21세기 세계 중심 국가가 될 수밖에 없는 이유로 가부장 중심 가족제도, 문화, 교육열, 엘리트 창업정신 등을 꼽았다.

자부심을 가질 일이다. 인류와 세상을 행복하게 만드는 위대한 인물의 탄생은 가정에서부터 시작된다. 가장 위대하고 훌륭한 스승은 부모다.

- 경기신문 (2022.05.16.)

사진이 꿈꾸는 세상

(사)한국프로사진가협회 세계사진관 대표 공로상 수상 (2024. 8. 21.)

 사진은 한 개인에게는 소중한 기억이자 추억이요, 사회나 국가적으로는 귀중한 역사자료다. 우리는 때로 구구절절하게 쓰인 글에서보다 한 장의 사진에서 당시의 역사를 더 명쾌하게 알 수 있다.

 필자는 어렸을 적인 60여 년 전 시골 고향의 큰아버지 댁에 걸려 있던 얼굴사진 액자 두 개가 지금까지도 기억에 남는다. 웃는 표정, 안 웃는 모습 두 종류였는데 웃는 얼굴 사진의 기억이 조금 더 또렷하다.

디지털카메라와 휴대폰이 보편화하기 이전 카메라는 그 집의 잘 사는 정도를 가늠하는 잣대 중 하나였고, 가보와 같이 귀중한 대접을 받았다.

카메라의 역사는 1세대 흑백에서 시작해 2세대 컬러, 3세대 디지털카메라, 4세대 스마트폰 카메라의 길을 걸어왔다.

흔히 '카메라의 혁명'으로 불리는 디지털카메라는 언제, 누구에 의해 발명됐을까?

요즘 디지털카메라 생산업체로 유명한 곳은 캐논이나 니콘이지만 정작 디지털카메라를 처음 발명한 곳은 코닥이다. 코닥의 엔지니어였던 스티브 새손Steve Sasson은 1975년 12월 새로운 발명품 하나를 만들어 냈는데, 그것이 혁신적 발명품이 될 것이라고는 생각지 못했을 것이다. 바로 세계 최초의 디지털카메라가 탄생한 순간이었다.

이 혁신적 발명품의 크기는 토스트 굽는 기계만 해서 지금의 디지털카메라와는 차원이 다르다. 또 단지 100x100 크기의 흑백 이미지만을 담아낼 수 있었다.

최근 디카 해상도가 1,000만 픽셀

세계 최초 디지털카메라 발명가 코닥 스티븐새손 이사

최초로 개발된 디지털카메라.

운운할 정도로 고해상도인 점에 비해 불과 10,000$^{0.01메가}$ 픽셀 정도였다고 한다. 촬영된 이미지는 카세트테이프에 저장했으며 한 번 촬영하면 약 23초 정도 걸렸다고 한다. 이 제품은 모토롤라의 ADC, 코닥 렌즈, 페어차일드의 CCD 칩으로 구성됐으며 현재의 디지털카메라도 같은 방식을 이어받고 있다.

미국 우주항공국 나사가 달나라를 가면서 코닥에 필름 없는 카메라를 개발해 달라고 의뢰한 것이 혁명이 시작된 계기로 알려져 있다.

역설적으로, 세계인을 매혹시켰던 최신기술의 뒤안길에서 오랫동안 수명을 이어오던 필름 생산업체들은 쓸쓸히 퇴장하기 시작했다.

사진과 관련해 지금까지도 전해오는 일화들이 많다. 한때 '허바허바'는 사진관의 대명사였고, 서울 '란' 사진관은 직원 50명, 인천

현대칼라 현상소의 경우 직원만 100명에 달한 적도 있었다.

　인천 중구 신포동에 있었던 허바허바사진관 송학선 사장은 연예인들이 줄 서서 촬영할 정도로 유명세를 타기도 했다. 이제는 찾아볼 수 없는, 다시 오기도 힘든 그야말로 옛날이야기다.

　사진은 무엇을 찍을 것이 아니라 무엇을 어떻게 찍을 것인가가 중요하다. 이 명제는 사진작가나 사진기자 모두에게 그럴 것이다.

　신문 방송 보도사진 기자들은 역사가 전개되는 최전방에서 사진을 통해 중요한 메시지를 전달하는 사람들이다.

　이들은 지금 이 시간에도 우크라이나-러시아 간 전쟁이 한창인 피비린내 가득한 현장을 목숨을 건 채 누비고 있다. 투철한 기자정신이 아니면 불가능한 일이다.

　많은 사람들이 안방에 앉아 세계 곳곳에서 벌어지는 다양한 사건이나 사고들의 생생한 장면을 실시간으로 볼 수 있는 것은 이들 덕분이다. 어제오늘의 일이 아닌 이들의 직업정신에 찬사를 보낸다.

　일본의 다큐멘터리 사진가 구와바라 시세이는 "기록해야 할 역사를 그 시대의 유산으로 남겨두지 못한 사진가는 다만 그 시대를 살았을 뿐 한 사람의 방관자에 지나지 않는다"라고 일갈했다.

　이러한 작업을 통해 사람들의 삶을 풍성하게, 사회를 아름답게 만드는 것, 그것이 바로 사진이 꿈꾸는 세상이 아닐까?

　　　　　　　　　　　　　　　　　　　　구재규 세계봉사단 단장
　　　　　　　　　　　　　　　　　　　　- 경기신문 (2022.05.02.)

사진의 힘

당나라 말기에 유명한 장수가 있었는데, 나라에 대한 충성심이 대단했다. 그는 적군의 화살을 맞아 애꾸 눈이었다.

전투 중 적군 포로를 한 명 잡아 왔는데, 포로는 그 장수의 명성을 듣고 그의 얼굴을 그리기 위해 온 화공이었다. 장수는 "나의 얼굴을 잘 그리면 목숨을 살려주고, 잘못 그리면 죽이겠다"고 했다.

얼마 후 화공은 완성된 그림을 가지고 왔다. 그림 속 장수는 부채로 한쪽 눈을 가리고 있었다. 이에 장수는 깜짝 놀라며 "한 번 더 기회를 줄 테니 이번에 잘 그리면 금은보화를 내려 금의환향시킬 것이지만 잘못 그리면 죽이겠다"고 말했다.

다시 얼마 후 화공이 그린 그림을 보려고 많은 사람이 모였다. 그림을 보니 장수는 한쪽 눈을 지그시 감고 활을 당기는 모습으로, 이를 본 장수는 감탄을 했다는 이야기가 전해온다.

우리는 사진을 잘 찍으려고 머리도 하고 옷차림도 단정하게 한다. 필자도 항공사 강사에게 승무원 예절 교육도 받아보고, 대통령 이미지 교육 강사에게 강의를 들은 적이 있다.

 강의를 들어보면 사진을 멋지게 찍는 법이 있다고 한다. 사진을 찍기 전 "김치, 치즈, 쿠키, 위스키"라고 말하면 입꼬리가 움직이면서 자연스럽고 아름다운 모습이 된다. 이유는 눈보다 입술 주위에 근육이 많아 빨리 얼굴을 이완시켜 주기 때문이다.

 고 한국남 의학박사는 "얼굴이 아무리 좋아도 몸 좋은 것만 못하고, 몸이 아무리 좋아도 마음 좋은 것만 못하다"라는 유명한 말을 했다.

 중국에선 "좋은 인상은 웃는 얼굴, 좋지 않은 인상은 슬픈 얼굴"이라고 전한다. 프랑스 엄마는 자녀가 7살 때 거울을 선물한다. 내 얼굴을 남이 많이 보고 자라기 때문이라고 한다.

 미국 부시 전 대통령 후원회 모임인 독수리 클럽이 있다. 그곳에선 대통령과 사진 한 번 찍는 데 30만 달러를 내야 한다. 백악관 전속 사진사가 찍어 준다고 한다. 우리나라도 선거철만 되면 후보들이 유명 정치인과 사진을 찍는다. 찍은 사진을 홍보지로 써 표를 얻기 위해서다.

 서울대 부총장 교수 단체 사진을 찍을 때 안경이 반사된다고 했다. 많은 교수들이 안경을 쓰고 있어서 사진이 벌겋게 나온다는 것이다. 모임에서 행사 주관을 하던 사람이 "단체 사진을 찍을 때는 안경을 벗고 약간 미소를 지으며 찍어야 한다"고 말하는데, 보기 좋았다. 사진에도 서열이 있고, 상식이 있다.

중국 예기에 "예는 때에 따라 마땅한 바를 좇고, 남의 나라에 가서는 그 나라의 풍속을 좇아야 한다"라는 글이 보인다.

행사 케이크를 자를 때나 단체 사진 찍을 때 행사를 주관하는 회장, 이사장을 중앙에 앉게 하는 것이 예의이다. 참가자가 중앙에 앉게 하는 것이 예의가 아니지 않는가? 주인공과 원로들이 옆에, 모임의 공로자들이 앞줄에 앉는 것이 좋다.

행사 단체 사진을 촬영하면 서로 경계심을 허물고, 협동하며, 집단의 결속력을 강화한다는 연구논문도 있다. 또 그 행사를 통해 참석자 사이에 공감대를 형성할 수 있다.

종합문화회관 연주회 사진 지휘자는 사진 촬영을 하기 좋게 손을 힘 있게 휘저으면 사진에 힘이 있고, 음악의 소리가 들려오는 것 같다. 무대 뒤에서 찍어 보면 손을 내밀지 않고 깔짝깔짝하는 모습에는 좋은 사진이 나오지 않는다. 지휘자가 멋있게 동작을 크게 하고, 표현에도 신경을 쓰면 결국 사진도 좋아진다.

행사장에서 리본을 자를 때는 리본만 바라볼 게 아니라 카메라를 봐야 한다. 행사를 많이 다녀 본 사람과 다녀 보지 않은 사람의 차이가 여기에서 나타난다.

사진부 기자들이 쓴 책을 보면 국제 축구 대회에서 선수가 골을 넣고 나서 카메라 앞으로 가서 세리머니를 하지 않고 다른 곳에 가서 하는 바람에 다른 선수가 신문에 나온 일이 있었다고 한다.

 속담에 "사람의 얼굴은 하나의 풍경이고 한 권의 책"이라 했다. 용모는 결코 거짓말을 하지 않는다.

구재규 세계걸작사진연구소장
- 인천신문 (2009.05.14.)

세계적 보고寶庫 '한글'

"한글은 세계의 알파벳이며 한글보다 뛰어난 문자는 없다."
- 미국 언어학자 **램지** 교수 -

"세계에서 가장 합리적인 문자는 한글이다."
- **재레드 다이아몬드** 교수 -

"한글은 신이 인간에게 내린 선물이다."
- 언어학자 **제프리샘** -

"문자를 통해 정보를 체계화하겠다는 시도가
600년 전에 있었다는 것은 놀라운 일이다."
- 구글 회장 **에릭 슈미트** -

1446년 이전까지 우리나라엔 고유문자가 없어 일부 식자층에서만 표의문자인 중국 한자를 사용했다. 세종대왕은 서민들이 글을 사용하지 못하는 점을 안타깝게 여겨 훈민정음을 창제하게 됐다.

 세계 역사상 전제주의 사회에서 국왕이 백성을 위해 문자를 창제한 유례는 찾아볼 수 없다. 또 세계에서 문자 발명의 목적과 대상이 분명하게 만들어진 글은 한글이 유일하다. 한글은 그 효용성이 다른 문자와 비교할 수 없을 만큼 뛰어나다. 한글은 현존하는 글자 중 가장 많은 발음을 표기할 수 있는데 무려 1만 1,172개 발음을 표기할 수 있다고 한다.

 영국 옥스퍼드대학이 세계의 모든 문자를 놓고 합리성, 과학성, 독창성 등의 기준으로 순위를 매긴 적이 있는데 당당히 한글이 1위를 차지했다. 세계 언어학자들이 한글의 우수성을 인정한 것이다.

 유네스코는 해마다 문맹 퇴치에 도움을 주는 단체나 개인에게 '세종대왕 문맹퇴치상'을 주고 있다. 이 상의 이름이 세종대왕 문맹퇴치상으로 명명된 이유는 한글이 가장 배우기 쉬워 문맹퇴치에 용이함을 인정했기 때문이라고 한다.

 한글의 편의성 덕분에 한국인의 문맹률은 세계에서 극히 낮고, 컴퓨터나 스마트폰 자판에도 쉽게 적용됐다.

 인도네시아 소수민족 찌아찌아족은 한글을 자신들의 문자로 채

택해 사용 중이다. 찌아찌아어만 있을 뿐 문자가 없었는데 한글을 받아들였다.

커피 전문점 '카페'에서 커피 메뉴판을 보면 하나같이 그 이름이 어렵다. 커피 종류가 다양하고 이름도 영문으로 돼 있어 헷갈리기 일쑤다. 커피 이름을 한글로 순화하면 어떨까. 커피 종류를 한글로 표기한 일회용 종이컵이 있기는 하다.

에스프레소Espresso는 '진한 커피', 아메리카노Americano는 '연한 커피', 카페라떼Caffe Latte는 '우유 커피', 카푸치노Cappuccino는 '거품 커피' 등이 그 예다. 하지만 일반화하진 못하고 있다.

가장 한국적인 것이 가장 세계적인 것이란 말이 있는 것처럼 우리 말을 잘 살려 바르게 사용할 때 비로소 우리는 세계 속에 주체적인 한국으로 당당히 설 수 있다.

백범 김구는 "오직 한없이 가지고 싶은 것은 높은 문화의 힘이다. 문화의 힘은 우리 자신을 행복하게 하고 나아가 남에게 행복을 주기 때문이다"라고 말했다.

아름다운 한글을 의식적으로 알고 사용하려 노력하는 것이야말로 한글 사랑의 첫걸음이다. 모든 국민이 한글의 우수성과 독창성을 알고 한글을 소중히, 더욱 아름답게 사용하기를 바라본다.

구재규 세계걸작사진연구소장
- 인천일보 (2020.11.23.)

새 대통령에게 바랍니다

'생생지락生生之樂'. 일하는 즐거움을 느끼며 사는, 신바람 나는 행복한 세상을 뜻하는 말이다. 중국의 옛 경전인 서경書經에 나온다. 우리나라의 위대한 애민군주 세종대왕이 국정철학으로 삼기도 했던 경구다.

전례 없이 치열한 경쟁이 펼쳐졌던 대통령 선거가 끝났다. 수치에서 드러나듯 양쪽 모두를 피 말리게 했던 접전이었다. 수많은 국민들이 시시각각 변하는 개표 상황을 지켜보느라 온밤을 꼬박 새웠을 것이다. 결국 채 1%도 안 되는 차이로 국민의힘 윤석열 후보가 당선되면서 5년 만에 정권이 바뀌었다.

하지만 나라를 이끌 새로운 리더가 탄생했다는 기대·기쁨은 잠시, TV화면에 비치는 개표상황판을 바라보며 느끼는 답답함과 아쉬움은 그 어느 때보다 컸다.

지역과 이념, 진영에 따라 더욱 확연히 갈라진 색깔. '이대로 가다간 나라가 도대체 어떻게 될 것인지…' 나만의 걱정이고, 나만의 생각이었을까? 아니라고 본다.

국민통합은 무엇보다 우선 되어야 할 시대적 과제다. 윤석열 당선인도 선거운동 기간 그리고 당선 이후 이 부분에 대한 언급을 많이 했다. 너와 나, 네 편 내 편을 떠나 대한민국의 힘, 국민을 하나로 모으는 리더십을 발휘해 분열과 갈등을 해소해 주기 바란다.

'동주공제同舟共濟'라는 말이 있다. 『손자孫子』 구지편九地編에 나오는 이야기로 '같은 배를 타고 강을 건넌다'는 뜻으로 이해와 어려움을 함께한다는 의미를 담고 있다.

국민이 화합할 수 있는 단초가 지금이라도 마련되지 않는다면 우리는 후손들에게 동서로, 남북으로, 진영으로, 이념으로, 남녀로, 세대 간으로 갈가리 찢긴 나라를 물려줄 수밖에 없을 것이다.

경제도 중요하다. 대한민국은 세계 10대 경제강국이고 선진국이다. 급격한 패러다임의 변화에 맞춰 국가 경쟁력을 키워야 한다. 나라를 잘 이끌어갈 인재들을 적재적소에 활용해 다가올 풍랑들을 잘 극복해 나가야 한다.

> "신념을 가지고 부와 일자리를 창출하는 기업가야말로
> 이 시대의 진정한 영웅이다."
>
> – 전 미국 대통령 **레이건** –

> "21세기 국력의 원천은 경제력이다.
> 국가의 경쟁력이 곧 기업의 경쟁력이다."
>
> — 노벨상 경제학상 수상자 **로버트 포겔** —

　기업 하기 좋은 나라, 일자리가 풍부한 나라, 기업가 정신이 존중받는 나라, 청년들이 미래의 걱정을 하지 않는 그런 나라의 길로 이끌어 주기 바란다.

　아울러 고령화 시대에 대비한 국가 차원의 대책, 점차 치열해지고 있는 한반도 주변 열강들의 갈등과 이해관계 속 우리가 자주적으로 헤쳐 나갈 수 있는 외교국방 정책의 시행도 중요한 상황이다. 이들 문제의 비중은 시간이 갈수록 더욱 무거워질 것이다.

　인도의 유명한 정치인 네루는 "정치란 백성의 눈물을 닦아주는 것이다"라고 했다. 중국의 옛 성현들은 "정치는 백성을 평안하게 해주는 것에 다름 아니다"라고 일갈했다.

　지금 우리 국민들은 그 어느 때보다 힘들고 피곤하다. 믿음을 주지 못하는 정치에 치이고, 끝이 보이지 않는 코로나19에 마음고생이 이만저만 아니다.

　국민들에게 사랑받는 지도자가 돼야 한다. 국민을 속이지 않는 정직한 정부, 국민만 생각하는 정부, 국민을 위해 일하는 정부가 돼야 한다. 당선인도 "오로지 국민만 보고 가겠다. 국민 속으로 들어가겠다"라고 거듭 강조했다.

반드시 실현하시라. 국민들 마음으로부터 진정 존경받는 대통령이 되고, 대한민국의 국운國運이 다시 상승하는 발판을 만들었으면 하는 바람이다.

- 경기신문 (2022.03.16.)

자랑스러운 대한민국을 만드는 힘, 학교

19세기는 무기가 강한 나라가 세상을 지배했고 20세기는 산업을 일으켜 경제가 부강한 나라가 세계를 좌지우지했지만 21세기는 후세 교육을 잘한 나라가 세계를 이끈다고 했다. 한국에서 가장 위기에 처한 곳이 바로 학교이다.

유대인 탈무드에 "공부하려거든 도서관에 가라. 학교는 단순히 배우는 것이 아니라 스승을 만나는 곳"이라는 말이 있다.

교육 현장에 참스승보다는 직업인으로서 선생만 있고 학생은 많지만 제자는 적다. 교사에 대한 폭언, 폭행 및 수업 방해에 대해 학칙에 규정하는 범위 내에서 엄격하게 다루고 난국을 헤쳐 나갈 지혜를 찾자.

교육은 100년 대계이고 교육의 주체는 학교의 선생님과 학생, 학부모이다. 학생의 학습권과 교사의 수업권으로 두 바퀴가 아름다운 곳을 향해서 이들 주체가 같은 곳을 바라볼 때 교육은 중심을 잡고 앞으로 향해 나갈 수 있다고 생각한다.

"이 세상에는 지식을 가르치는 머리의 학교도 있고 기술을 가르치는 손끝 학교도 있으나 마음을 가르치는 가슴 학교가 없다"라고 한탄했던 근대교육의 아버지인 페스탈로치의 지적을 수용해야 한다.

프랑스 고전 국제정치학자 한스 제이모건소는 국가를 발전시키는 국력의 요소로 지정학적 요소, 인구, 자연자원, 부의 질, 외교의 질, 국민성, 국민정신 등 9가지를 이야기하고 있다.
이를 크게 나누면 경제역량, 안보역량, 학교교육정신 등 3가지로 분류할 수 있다. 이 3가지 요소 중 한 가지라도 훼손되면 사실상 국가는 붕괴된다.
2004년 아테네올림픽 금메달리스트 문대성 선수, 현재 IOC위원인 구월중 태권도부 9기 졸업생이다. 현재 그의 모교에 프랭카드가 붙어 있다. 지역과 선생님과 학생들은 모교의 자랑거리이다.
학교, 스승, 제자가 하나로 뭉쳐 한 방향으로, 한 마음으로 굴러가야 한다.

OECD는 21세기에 필요한 미래 인재의 혁신역량을 제시했는데, 첫째가 지식과 정보를 효율적으로 사용할 수 있는 능력도구의 상호 작용적 이해이고, 둘째가 다른 사람과 협동할 수 있는 능력이며, 셋째는 자율적으로 행동하기이다.
미국 국제 교육연구소 조사에 따르면 한국인 유학생은 2009~

2010년 기준 72,153명이다. 이는 글로벌 금융 위기 탓에 4% 정도 줄어든 것이다. 매년 10만 명이 미국에서 공부하고 있다는 보고이다.

　새 시대 사회가 요구하는 실제적 외국어를 구사하는 글로벌 인재 교육이 필요하다. 글로벌 지도자 인재육성을 위해 학교에서 영어, 중국어, 일본어를 자유자재로 구사할 수 있어야 한다.

　영국, 독일, 프랑스와 이웃하고 있는 네덜란드는 초등학교부터 3개 국어를 가르쳐 고교만 졸업하면 영, 독, 불 3개 국어를 유창하게 구사하고 있어 세계 최대 물류 중심지이며 관광대국인 네덜란드 성장동력의 큰 자산이며 자랑거리가 되고 있다.

　글로벌 시대에 민족정신과 얼을 가진 인물을 양성해야 한다. 걸출한 인물을 많이 배출해야 한다.

　경쟁력 있는 명품인재, 가슴이 따뜻한 인재육성에 중점을 두어야 한다. 학교의 주된 역할은 올바른 인성과 학력향상이고 학생들은 스승에 대한 감사와 존경의 마음을 갖자.

　학교는 청소년 시기에 꿈을 키우고 그 꿈을 이룰 수 있도록 이끌어 주는 곳이다. 개성과 재능을 꽃피울 수 있는 환경을 만들어 주는 곳이다.

구재규 세계걸작사진 연구소장
- 인천신문 (2011.12.12.)

대한민국은 열공 중

CEO 조찬모임은 대한민국 미래를 밝히는 횃불이며 국력 창출의 강력한 원동력이다.

MBA, 로스쿨, 특급호텔, 회관은 조찬 공부모임으로 붐비고 있으며 현재 우리나라 CEO 과정은 2천500개 정도가 있는 것으로 추산된다. 20명씩만 잡아도 5만 명이 아침공부를 하고 있는 셈이다.

일찍 일어나는 새가 벌레를 잡는다. 대개의 모임 시간은 오전 6시 30분부터 7시에 시작한다. 모임을 가기 위해서는 일찍 자고 일찍 일어나야 한다.

이렇듯 각계각층에서는 바쁜 일상 속에서도 기업의 경쟁력을 키우고자 평생학습을 통한 상생협력, 지역경제 활성화와 동반성장을 위해 조찬모임을 갖는 등 분주히 움직이고 있다.

인천에도 새얼 조찬모임, 인천경영 포럼, 인천상공회의소 아카데미, 대학교 강의실에서 조찬강연이 열리고 있다.

인천시청 지하실에서도 새벽 어학공부 프로그램이 진행된다. 중국어 강좌도 인기가 높다. 강좌마다 만원을 이루고 있어 늦게 도착하면 참석하기가 어려울 정도다.

횟수는 매달 모임도 있지만 매주 모이는 단체도 있다. 지식의 양이 미래의 부를 결정한다고 강의하는 강사의 열강을 귀 기울여 경청한다. 오늘날 유례없는 한국기업의 성장 배후에는 이 같은 학습열이 뒷받침됐다.

강사는 주로 대학교수, 벤처 사업가, 경제연구소 연구원, 예술인, 체육지도자, 성공한 최고경영자들로 이들은 성공의 전략과 노하우를 들려준다. 새 시장을 창출하는 블루오션 전략 등이 감동을 주곤 한다.

미국 대통령의 전용차 운전사는 일부러 사고 경험이 있는 사람들 택한다고 한다. 그 경험을 통해 더 조심하며 운전할 수 있기 때문이라 한다. 무사고 운전사만이 훌륭한 운전기사가 되는 것은 아니기 때문이라는 것이다.

예전에 잘했다가 지금 부진하면 아무 소용이 없고, 평생을 잘하다가도 한 번의 실수로 모든 공적은 사라진다. 강사들은 오뚝이 정신과 기업가 정신으로 재기해 성공하는 사례를 들어 실패는 성공의 어머니라는 교훈을 일깨워 준다.

독일의 경제학자 리스트는 "정신적인 자원 없이 경제적인 부흥은 없다"고 외쳤다. 보릿고개를 넘기지 못해 5천 년 동안 굶주렸던 나라가 60년 만에 세계 10위 경제대국으로 우뚝 일어섰다. 한국은 이제 영적 강국이면서 무역강국, 경제대국이 되었다.

앞으로의 세계는 지식이 모든 생산수단을 지배한다. 이에 대비한 후세의 교육 없이는 생존하기 어렵다. 우리의 눈부신 경제성장 배후에는 불굴의 기업인과 교육이 있었음을 잊어선 안 되겠다.

자동차, 휴대전화, 조선, 반도체, 고화질TV 등이 세계적 품목이 되어 지구촌 시장을 누비고 있다. 한국 기술이 세계 시장을 석권하고 있는 것이다.

"앞으로 모든 조직에서 경쟁력을 확보할 수 있는 유일한 방법은
지식 근로자의 생산성을 향상 시키는 것이다."

- **피트 트러커** 교수 -

골드만삭스는 최신 세계경제전망보고서에서 한국은 경제 규모에서 현재는 GDP 8천140억 달러로 세계 11위이나 2025년에 가면 9대 강국으로 부상할 것이며 이어 2050년에는 1인당 GDP 8만 1천 달러를 기록, 일본과 독일을 따돌리고 미국에 이어 세계 2위를 마크할 것이라고 내다봤다.

앞으로는 정신문화도 경쟁하는 시대가 온다. 이런 새로운 미래 사회에 대비하기 가장 중요한 일은 지도자 양성이다. 미래사회가 정보에 의해서 좌우된다고 할 때 가장 앞서가는 나라는 최고의 컴

퓨터와 소프트웨어 통신수단을 보유한 나라가 될 것이라고 토플러는 내다봤다.

최고 인재를 국가가 엄선해서 키우는 미래 지도자 양성 시스템을 반드시 만들어야 한다. 변화된 미래에 적응할 수 있는 전문가를 키워야 한다.

구재규 세계걸작사진 연구소장
- 인천신문 (2011.07.12.)

통일로 가는 길

서해 옹진군 백령도에 가니까 섬 끝부분에 군인들이 '통일로 가는 길'이란 비석을 써두었다. 북한이 빤히 보이는 곳이다.

건국 60주년이 지났지만 통일로 가는 길은 멀고도 험하다. 북한의 김일성이 죽으면 통일이 될 것처럼 떠들었지만 변한 것은 없다. 남북 화해와 한반도 평화 통일을 위해서 모든 힘을 써야 할 때다.

세계적으로 망한 공산주의 이념을 계승하는 게 북한이다. 북한

금강산 정상

주민들은 어려서부터 그런 교육을 받아 정신적으로 피폐해져 있는 것 같다.

중국에 있는 조선족들은 북한을 어머니 나라, 대한민국을 아버지 나라라고 부르면서 '이혼한 부부'이니 빨리 결합하기를 원한다고 한다. 우리 7천만 민족은 '우리의 소원은 통일, 꿈에도 소원은 통일'이라며 마르고 닳도록 노력했지만, 남북 관계는 좀처럼 풀리지 않고 있다.

『강대국의 흥망』 저자인 폴 케네디 교수는 "한국은 미·중·일·러시아 4개국 코끼리에 둘러싸인 개미"라며 "정신 바짝 차리고 외교력을 길러야 한다"고 경고했다.

1960년대 인도 네루 수상은 "중국은 아시아 연못 속에 들어 있는 한 마리 악어 같은 존재"라고 말한 바 있다.

우리나라는 유사 이래 중국의 당·원·명·청 나라 등의 침략을 겪었지만 고난을 이기며 살아왔다.

중국은 지금 개방을 통해 역동적인 경제성장을 이루었다. 반면 북한은 대외 개방을 하지 않고 현 체제를 고수하느라 경제발전을 제대로 이루지 못하고 있다. 여기에 김정일 건강 이상설에 시달리며 대내외적인 주목을 받는다.

북한의 급변 사태 시 중국은 개입하려 들 것이다. 이를 막으려면 남북이 대화하고 협력해야 한다. 중국의 개입을 막지 못하면 훗날 이 땅에서 살아갈 후손에게 돌이킬 수 없는 민족적 재앙을 남길 수 있다.

우리는 미국과 일본의 동맹관계에서 벗어나면 위험하다. 역사가 홀인버는 "힘없는 정의는 정의가 아니다"라고 말했다. 한반도가 전쟁 없이 그래도 평화를 유지하는 것은 한미 동맹 때문이라고 본다. 미국의 저명한 외교 사학자 토머스 베일리는 "최상의 동맹은 상호이익의 조화에 기반을 둔다"고 했다.

우리는 국제사회와도 협력해야 한다. 강대국은 힘의 논리를 편다. 핵 문제는 6자회담에 맡기고 남북문제는 우리 민족끼리 풀어야 한다. 그래서 국민 화합과 결속력을 이용, 지혜를 모아 급변하는 사태에 대비해야 한다.

지금 국내에서 이념 문제로 싸움을 하고 있을 때가 아니다. 정부가 국민의 사랑과 신뢰를 받아 국제 공조를 통해 만일의 사태를 막아야 할 것이다. 로마 전쟁영웅인 비제티우스는 "평화를 원하거든 전쟁에 대비하라"고 얘기하지 않았던가.

국내 갈등은 뒤로하고 통일을 준비해야 한다. 한 민족이 분단된 것도 서러운데, 좌우·보수·진보 진영으로 갈려 싸워서야 되겠는가. 국론 분열은 큰 죄악이다.

미국 오바마 대통령은 적대적 지도자를 잘 설득해 공존할 수 있게끔 해야 하는 책임을 져야 한다. 또 앞으로 전개될 한미 공존을 위해 주변국과도 평화를 잘 유지할 수 있게 해야 한다.

아놀드 토인비 박사는 역사에 위대한 공적을 남긴 민족의 3가지 공통점을 말했다.

첫째는 굳건한 단결력이고, 둘째는 왕성한 단결력이며, 셋째는 진실한 국민성에 있다고 했다.

7천만 국민을 모두 잘살게 할 남북 협력이 그 어느 때보다 필요하다. 민족공동의 이익과 번영을 도모해야 하지 않겠는가. 사회통합과 국민통합, 그리고 민족통합이 우리가 나아갈 길이다.

구재규 세계걸작사진연구소장
- 인천신문 (2009.05.14.)

민족통일 이루려면 국민화합 우선돼야

독일 베를린 장벽에는 대한민국이라는 지도와 함께 '우리의 소원은 통일'이라는 글이 쓰여있다고 한다. 그 밑에 한국 DMZ 대성동 마을 어린이라고 적어놓았단다.

우리도 분단을 넘어 독일처럼 통일을 할 수 없는 걸까?

중국의 조선족들은 1960년에서 1980년까지 북한을 어머니 나라, 1980년에서 현재까지 한국을 아버지 나라라고 부르면서 이혼한 부모로 보고 있단다.

지금 북한 주민들은 압록강과 두만강 푸른 물을 건너서 중국 공안들의 눈을 피해 중국, 몽고, 베트남으로 목숨을 건 탈출을 시도하고 있다.

크리스챤 아카데미 원장을 지냈던 강원룡 박사님은 1980년 8월 15일 여의도광장 민족복음화 대성회 때 "지금 통일이 된다 해도 1945년 해방 때보다 더 혼란이 심하다"고 말씀하셨다.

27년이 지나 지금의 현실은 어떠한가? 사회가 왜 더 혼란스러운가? 보수와 진보의 단체가 새의 양 날개처럼 국익을 위해 날아가야 한다. 대한민국 한국 현대사가 건국의 기억 → 부국의 추억이 되어 우리 민족의 목적지는 강국의 소망에서 한반도 통일까지 바라보아야 한다.

한민족이 175국에 700만 명이 흩어져 살고 있는데 중국인, 유대인, 이탈리아인에 이어 한국인은 세계에서 4번째로 흩어져 살고 있단다. 우리나라는 국력을 키워야 한다. 국력 형성 3대 요소는 정신력, 경제력, 국방력이다.

그러려면 정치적 민주화와 경제적 번영이 이루어져 국민화합과 우리 내부 결속력을 다져야 한다. 준비된 마음이 필요하다.

민족 통일의 길은 있다. 바로 그것은 국민화합이다.

민주주의가 꽃피는 통일 조국을 우리는 보고 싶고 부르고 싶다.

구재규 오피니언 칼럼

- 인천신문 (2007.03.27.)

한국 세계 영적 강국

서울 양화진 외국인 선교사 무덤에 가서 "왜 당신은 미국 좋은 나라에서 태어나서 공부도 많이 하고 했는데 여기 묻혀 있소" 하고 물어보고 타국에 선교를 떠나라는 말이 있다.

복음의 씨앗을 가지고 주님의 뜻을 이루기 위해 한국을 사랑하고 주님의 섭리 가운데 미국인 선교사 아펜셀러 1859~1902와 언더우드 1859~1916가 인천 제물포항에 1885년 4월 5일 부활절 날에 도착해 기독교 100주년 기념탑에서 '오늘 사망의 빗장을 부수시고 부활하신 주님께 간구하오니 어두움에서 억압을 받고 있는 이 한국 백성에게 밝은 빛과 자유를 허락하여 주옵소서' 하고 부활절에 기도했다.

지금 한국은 기독교 1,200만 성도와 5만 교회, 10만 목사님이 있고 인천에만 260만 인구에 90만 성도 3,000 교회 3,500명의 목사님이 섬기고 있다. 인천기독교 총연합회 자료

올해 한국 선교 120주년이 되어 새벽기도, 철야기도, 금식기도, 심령 부흥회, 전도축제 등을 벌여 영적 세계 강국이 되고 있다.

성경읽기 운동, 성령운동, 기도운동, 선생을 하는 헌신자도 많아 미국 다음으로 선교사를 많이 파송해 1,500명의 선교사를 파송한 나라가 되었다. 한국 선교사들은 4계절이 있는 나라에서 태어났기 때문에 적응력도 뛰어나 세계 곳곳에서 주님의 뜻을 이루고 있다.

미국 이민국에서 100년간 조사한 바에 의하면 중국 사람은 이민 와서 중국 식당과 호떡집이 생기는데, 한국 사람이 이민 와서 변한 것은 교회가 생겨나 미국교회에 세 들어 예배를 보는데 큰 교회에서 오히려 교회를 맡아서 하라고 하니 미국 이민국에서 놀라고 있단다. 한국 사람은 모이면 교회를 짓고 부흥하니 놀라운 역사라고 박수를 보내고 있다.

선교사들도 모여 선교대회도 열고 정보교류와 화합과 복음의 한마당 축제를 열고 책도 만들고 여러 가지 활약으로 복음의 한류를 열고 있다.

복음의 발상지인 인천 파라다이스 호텔 옆 100주년 기념탑 주변을 보면 가을에는 고추가 널려있고 아침에는 양쪽에 대형트럭들이 주차되어 있는 것을 보게 된다.

150m 떨어진 항구에는 고철더미가 쌓여 있어 안타깝다. 좀 더 좋은 입지에 기념탑이 조성되어 복음의 발상지인 인천이 한국 최초 교회 1885년 창립한 내리 감리교회 답동 성당 등 성지순례를

하는 곳으로 만들어졌으면 좋겠다.

해외여행 가면서 비행기를 타고 하늘에서 본 인천은 천혜의 자연 도시로 인천광역시+관광협회+기독교단체+상공인+시민이 모두 한마음이 되어 멋진 관광 상품으로 만들면 좋겠다.

인천국제공항+인천항만+월미도 유람선+향토음식점+송도 국제신도시+컨벤션호텔+유스호스텔을 지어 전국에서 찾아오게 하여야 한다.

또한 기독교 영화도 만들어 히트 치면 영화 1편이 자동차 100만 대 수출하는 효과를 본다.

예를 들어 한류 드라마 〈겨울 연가〉에 출연한 배우 배용준 1명이 100명의 대사보다 낫다고 일본 요미우리신문이 칭찬하는 것이고, 한국의 〈겨울 연가〉 1편 때문에 경제효과 3조로 춘천시 남이섬에 일본 관광객이 80만 명이 다녀가서 8천억의 경제효과를 보았듯이, 인천을 복음의 성지순례지로 만들었으면 한다.

교회 학교 학생과 청소년 수학여행 코스를 개발해 인천을 온 세계인이 즐겨 찾는 동북아 중심의 관광도시를 만들자.

구재규 박사
- 선교문화신문 (2005.0502.)

책을 읽는 리더는 세상을 이끄는 리더가 된다

"좋은 책을 읽는 것은 과거 몇 세기의 가장 훌륭한 사람들과 이야기를 나눈 것과 같다." 17세기 프랑스의 철학자이자 수학자, 물리학자인 데카르트의 말이다.

우리 옛 어른들은 이렇게 말했다. "한 집안이 잘되려고 하면 담장 밖으로 세 가지 소리가 들려야 한다. 글 읽는 소리와 일하는 소리 그리고 웃음소리다."

또 "황금이 바구니에 가득 차 있다고 해도 자식에게 경서 하나를 가르치는 것만 못하고, 독서는 집안을 일으키는 근본", "재물을 많이 쌓아두는 것보다는 독서로 삶의 지혜를 몸에 지니는 것이 낫고, 1만 권의 책을 끼고 있는 것이 100개의 성을 손아귀에 둔 것보다 낫다"라는 성현들의 말씀도 있다.

시인 두보는 "독서파만권讀書破萬卷 하필여유신下筆如有神", 즉 책 만 권을 읽고 붓을 들면 신들린 듯 글을 쓸 수 있다고 했다.

빌 게이츠 마이크로소프트 CEO는 "오늘날 나를 있게 한 것은 우리 동네 도서관이었다"라고 일갈했다.

19세기는 무기가 강한 나라가 세상을 지배했고, 20세기는 산업을 일으켜 경제가 부강한 나라가 세계를 좌지우지했지만 21세기는 후세 교육을 잘한 나라가 세계를 이끈다고 했다.

최근 우리 주변에서 서점들의 모습이 하나둘 자취를 감춰가고 있다. '동네 책방'이라는 정겨운 말도 함께 기억 속에서 희미해져 가고 있다. 점점 책 읽는 습관은 없어지고 디지털문화는 급속히 퍼지고 있다. 얼마 전 인천 부평구에 있던 500평 대형서점이 문을 닫았다. 안타까운 일이다.

며칠 전 차를 타고 가다가 인천시청 옆 구월동 석천초등학교 정문 입구에 내걸린 현수막 안의 글귀가 눈에 들어왔다.

"책 속에 담긴 지혜를 읽고 찾아 실천합시다."

1920년대 미국 시카고대학에 로버트 허친슨 총장이 있었다. 이 대학은 그리 역사가 길지 않음에도 70여 명의 노벨상 수상자를 배출하며 최고의 명문 가운데 하나로 자리 잡았다.

이처럼 탁월한 성과는 그의 고전읽기 The Great Book Project 덕분이었다. 학생들의 전공과 상관없이 전교생에게 고전을 읽게 한 독서정책은 그 대학 출신들이 각 분야에서 탁월한 업적을 남기는 굳건한 기초가 됐다.

독서는 더 좋은 사회를, 세상을 만드는 혁신운동이자 성장운동이다. 필자는 지난 2018년 중국 산동성 위해시를 방문했을 때 한인들 조찬모임에 참석한 적이 있다. 다름 아닌 독서모임이었다.

　인천항 보따리 장사로 시작해 사업도 하며 주경야독하면서 산동성 대학까지 졸업한 뒤 사업체를 일으켜 성공한 분-전용희 당시 산동성 한인회장-이 그 모임을 이끌고 있었다.

　나이가 들면서 기억이 가물가물해지고 뭔가를 자꾸 깜빡 잊는 일이 많아진다. 대부분의 사람들은 이런 기억력 감퇴를 자연스러운 노화 과정으로 여기는 경우가 많다.

　하지만 다양한 연구 결과에 따르면 건강한 생활습관을 유지하고 적절한 훈련을 병행할 경우 상당 부분 예방할 수 있다.

　'폭스뉴스'는 연구 결과를 토대로 나이와 상관없이 기억력을 유지할 수 있는 방법을 소개했다. 독서 같은 문화활동이 뇌 기능을 유지하는 데 긍정적인 효과를 가져다준다는 것. 특히 새로운 사실과 지식에 대해 열린 자세를 갖는 것이 중요하다고 했다.

　책을 많이 읽고 독서문화를 널리 확산시키는 것이 지역 서점을 살리고 지역경제도 활성화하는 길이다. 코로나로 어려운 시대에 독서의 힘, 독서의 즐거움으로 정신건강을 되찾으면 한다.

"독서가Reader가 지도자leader가 되는 것이 아니다.
그러나 모든 지도자는 반드시 독서가가 되어야 한다."

- 해리 트루먼 -

구재규 세계봉사단 단장
- 경기신문 (2022.1.5.)

"오늘의 나를 있게 한 것은 우리 마을의 도서관이었다.
하버드 졸업장보다 소중한 것은 독서하는 습관이다."

- 빌 게이츠 -

"가장 싼값으로 가장 오랫동안
즐거움을 누릴 수 있는 것 바로 책이다."

- **몽테뉴** 철학자 -

MZ세대에 거는 기대

30년 전, 당시 인기 잡지였던 월간 〈샘터〉에 실린 글이 인상 깊었다. 내용은 이렇다.

옛날 어느 부잣집 아버지가 아들에게 돈의 소중함을 일깨워 주기 위해 아들한테 돈을 벌어 오라고 했다. 아들은 친구에게 돈을 빌려 아버지에게 드렸다. 아버지는 빌려온 돈을 부엌 아궁이 속에 던져 버렸다.

다음날에도 아들에게 똑같이 돈을 벌어 와보라고 했는데 아들은 지인에게 돈을 빌려왔다. 아버지는 그 돈을 아궁이 속에 던졌다.

셋째 날이 밝자 아들은 산속에 올라가 땔감을 구해 장터에 팔아 돈을 마련했다. 아버지에게 드렸더니 또다시 돈을 아궁이 속에 던졌고, 아들은 "내가 어떻게 번 돈인데…"라며 뜨거운 불구덩이에 손을 넣어 돈을 꺼냈다. 이후 아들은 아버지보다 더 큰 부자가 됐다.

최근 폐막한 2020 도쿄 올림픽에 출전한 국가대표 선수들 가운데 MZ세대 선수들이 국민에게 준 환희와 감동은 남달랐다. 선수들의 자신감과 도전정신은 코로나19로 우울해진 국민에게 청량감을 선사하기에 충분했다.

양궁의 안산과 김제덕, 수영 황선우, 높이뛰기 우상혁, 스프링보드 우하람, 탁구 신유빈, 클라이밍 서채현, 근대5종 전웅태, 기계체조 여서정 등은 메달 획득 여부를 떠나 모두 좋은 경기를 펼쳤다.

도전 없이는 성공이 없다. 성공은 최선을 다한 자에게 주어지는 선물이다.

한반도는 강대국에 둘러싸여 있다. 대한민국의 발전을 위해선 새로운 시대와 사회가 요구하는 교육과 함께 외국어 교육 등 글로벌 인재 교육이 필요하다. 글로벌 인재 육성을 위해 학교에서는 영어, 중국어, 일본어를 자유자재로 구사할 수 있도록 가르쳐야 한다.

영국, 독일, 프랑스와 이웃한 네덜란드는 초등학교 때부터 3개 국어를 가르친다. 학생들이 고등학교를 졸업할 즈음이면 영어, 독일어, 프랑스어 등 3개 국어를 유창하게 구사하게 된다. 어릴 때부터 꾸준히 이뤄진 외국어 교육이 세계 최대 물류 중심지이자 관광대국 네덜란드의 성장동력이자 자산이 되었다. 우리도 이를 본받을 필요가 있다.

필자는 MZ세대에 거는 희망이 크다. MZ세대는 1980년대 초~1994년 사이 태어난 밀레니얼(M) 세대와 1995년 이후 태어난 Z

세대를 총칭하는 신조어다. 이들은 국내 전체 인구의 30%를 차지하고 있다. MZ세대는 선진국에서 태어나 기술강국·문화강국에서 자라나 자부심이 강하다.

우리는 글로벌 시대에 나고 자란 MZ세대가 민족정신과 얼을 지닌 인재로 성장하도록 지원해야 한다. 정치·경제·문화·스포츠·외교 등 모든 분야에서 걸출한 인물들을 배출해 내야 한다.

바람직한 국가는 국민 한명 한명의 재능과 꿈을 실현하는 사회다. 제프리 존스와 골드만삭스는 2050년 국내총생산GDP 순위 전망에서 미국, 한국, 영국, 러시아, 캐나다 순서가 될 것으로 예측된다는 발표를 내놨다. 한국의 미래 경쟁력이 세계 2위라는 것이다.

2019년 기준 GDP 순위는 미국, 중국, 일본, 독일, 인도 순이며 한국은 12위 1조 6,463억 달러임과 비교된다. 실현 가능 여부를 떠나 미래 한국의 성장 가능성이 매우 높다는 점이 눈길을 끈다.

이러한 사회변화 전망을 덧붙이지 않더라도 근대화와 산업화, 민주화를 이룩한 과거는 미래를 엿볼 수 있게 만든다. 이제 정보화·지능화 시대를 선도하는 국가로도 자리 잡았다.

MZ세대는 100세 시대를 뛰어넘어 140세 시대를 이끄는 주역이 돼야 한다. MZ세대가 평생건강, 평생직업, 평생학습을 통해 위대한 대한민국의 꽃을 활짝 피워내도록 기성세대가 열심히 응원하자.

구재규 세계걸작사진연구소장
– 인천일보 (2021.09.17.)

리더는 유리지붕 속에 산다

'신언서판身言書判'이란 사람의 자질을 판단하는 네 가지 기준을 말한다. 중국 당나라 때 관리를 등용하는 시험에서 인물 평가의 기준으로 활용됐다. 첫째 '신身'은 그 사람의 외모를 본다. 둘째 '언言'은 그 사람의 말을 본다. 셋째 '서書'는 그 사람의 글씨를 본다. 넷째 '판判'은 그 사람의 판단력을 본다.

우리 사회에는 교육계, 정치계, 법조계, 종교계, 경제계, 금융계, 군대, 시민단체, 향우회, 동창회, 지성인 그룹, 미래 지도자 그룹 등 각계를 이끄는 리더들이 많다. 그러나 이들 중 일부는 한때 정상에서 세상의 부러움을 사며 권좌를 누렸으나 스캔들로 인해 추락할 땐 예외 없이 날개가 없었다. 고소 고발을 당하거나 망신과 비참한 생활, 잃어버린 명예로 실의에 빠지는 사례가 있다.

영국 속담에 "벼슬이 높을수록 감옥이 가까워진다"라는 말이 있다. 따라서 지도자는 본분에 충실해야 한다고들 말한다. 더욱 겸손

하고 섬기는 리더십으로 살아야 한다.

또다시 큰 선거판이 열리고 있다. 우스갯소리로, 단체장 선거는 윗옷만 걸친 채 검증을 받지만 큰 선거는 옷을 벗고 검증을 받는다는 말이 회자된다. 악착같이 후보자의 허물을 찾으려고 한다. 이것이 한국의 현실이다.

정치꾼은 다음 선거를 생각하지만, 정치인은 다음 세대를 생각한다. 미국의 정치인 로버트 케네디는 "내가 받은 축복이 동족의 삶을 밝히는 데 얼마나 풍족하게 사용했느냐에 따라 역사의 평가는 달라질 것"이라고 했다. 국가가 가야 할 길은 국민의 눈을 열어주고 인도하는 데 있으며 이 일은 시대에 앞서가는 지도자의 몫이다.

지도자는 나무가 거목이 되기 위해 춘하추동 폭풍과 추위와 햇볕에 맞서는 상황에서 다듬어지면서 성장하는 것과 비슷하다. 백범 김구가 좌우명으로 삼았던 글귀는 서산대사(1520~1604년)의 선시禪詩에서 유래한 것인데 다시 읽어봐도 명언이다.

"踏雪野中去답설야중거 / 不須胡亂行불수호란행 / 今日我行跡금일아행적 / 遂作後人程수작후인정

눈 덮인 들판을 걸어갈 때 함부로 어지럽게 걷지 말지어다. 내가 걷는 발자국이 다른 사람의 길잡이가 될 것이니."

벤자민 프랭클린은 "최상의 행복은 자신으로 인해 다른 사람이 행복을 느끼는 것"이라고 정의했다. 지도자와 구성원들이 힘을 모아

전문성과 선한 영향력을 발휘해야 할 시기다. 그리하여 꽃봉오리처럼 활짝 핀 대한민국의 황금기를 만들 수 있도록 다가온 큰 선거판이 불쏘시개 역할을 해준다면 더할 나위 없겠다.

구재규 세계걸작사진연구소장
- 인천일보 (2021.08.05.)

CTS 방송국 기자회견

경주 최부잣집 노블레스 오블리주

　부평구 경영자협의회 회원들과 함께 유명한 경주 최부잣집을 다녀온 적이 있다. 동행한 분의 설명에 따르면 최부잣집의 덕과 인심이 워낙 유명해 동학, 일제 강점기, 6·25전쟁 등의 사회적 혼란기에도 폭도들이 털끝 하나 건드리지 않았고 오히려 보호해 주었다고 한다.

　때문인지 지금도 400년 전통의 철학을 배우고자 국내는 물론 국왕, 정부 인사, 관광객 등 외국인들의 발길이 이어지고 있다.

　세계적으로 유명한 르네상스 시기 이탈리아의 메디치 가문은 250년을 유지했다 한다. 이에 견줘 무려 400여 년 동안 경주에서 명성을 이어온 최부잣집이 얼마나 대단한지를 알 수 있다.

　최부잣집은 병자호란 때 명장이며 공조참판과 오위도총부 부총관을 지냈던 최진립崔震立 장군의 부친 최신보崔臣輔로부터 최준崔浚에 이르기까지 13대 400여 년간 만석꾼의 부富를 이어왔다. 국내 많은 유명 인사들이 반드시 한 번은 가봐야 할 곳으로 꼽는 1순위다.

경주 400년 최부자 집, 세계봉사단 방문 (2024. 9. 9.)

우리 속담에 "작은 부자는 노력하면 되나 큰 부자는 하늘이 낸다"라는 말이 있다. "부불삼대富不三代, 부자가 3대를 넘기기 힘들다"의 통설 속에 경주 최부잣집이 400년이나 건재할 수 있었던 이유는 바로 6가지 실천 가훈이 있었기 때문이다.

"과거를 보되 진사進士 이상을 하지 말라. 재산을 만석 이상 모으지 말라. 사방 백리百里 안에 굶어 죽는 사람이 없게 하라. 흉년에는 남의 논을 사지 말라. 시집올 때 은비녀 이상의 패물을 가져오지 말고 시집온 후 3년 동안은 무명옷을 입어라. 과객을 후하게 대접하라."

후손들이 어김없이 지켜온 이 육훈六訓, 한국판 노블레스 오블리주Noblesse Oblige의 결정판이나 다름없다.

정쟁과 철저히 거리를 두고 근검절약하면서 불쌍한 이웃들을 돌보는 애민의 정신이 바탕에 굳건히 깔려 있었다. "적선지가필유여경積善之家必有餘慶", 착한 일을 계속해서 하면 복이 자신뿐만 아니라 자손에까지도 미친다는 말은 최부잣집의 사례에서도 여실히 볼 수 있다.

1960년대 가수 최희준은 그의 노래를 통해 인생을 '하숙생'에 비유했다. 우리는 또 살면서 "인생은 공수래공수거空手來空手去"라는 말을 자주 듣는다. 얼마 전 타계한 이건희 삼성 회장 집무실에도 이 문구가 붙어 있었다. 창업주인 이병철 회장이 쓴 글로, 그는 이 글귀를 좋아해 생전에 서예작품으로 남겼다.

코로나19로 경영 불확실성이 커진 상황에서도 기업들의 사회공헌 지출은 오히려 늘고 있다. 전국경제인연합회에 따르면 2020년 매출 상위 500대 기업의 평균 사회공헌 지출액은 2019년 대비 0.5% 증가했다.

기업 한 곳당 136억 7,685만 원을 사회공헌을 위해 썼다. 글로벌 공급망 재편, 코로나19 확산 등의 리스크에도 사회공헌 지출만큼은 줄일 수 없다는 게 기업 관계자들의 공통된 이야기다. ESG환경·사회·지배구조 경영 트렌드 확산에 따라 S부문에 해당하는 사회공헌 활동을 더 강화하고 있다는 설명이다.

우리 국민의 풀뿌리 기부문화는 세계적으로 자랑할 만하다. 예를 들어 유니세프만 해도 45만여 명이 월 3만 원 정도를 기부하고 있다. 연령도 오히려 40대가 가장 많아 비교적 젊은 층의 기부문화를 엿볼 수 있다.

　한국의 개인 기부는 미국과 독일, 일본, 영국에 이어 세계에서 다섯 번째다. 개미들의 풀뿌리 기부문화에 힘입어 한국은 190여 개 유니세프 회원국 중 유일하게 도움을 받는 나라에서 도움을 주는 나라로 바뀌었다.

　국제라이온스, 로터리클럽, 와이즈맨, 키와니스클럽 등 국제봉사단체들은 세상을 아름답게 만드는 선행의 아이콘이다. 특히 요즘처럼 어려운 때 이들의 기부봉사는 '훈훈함' 그 자체다.

　필자도 오래전 작은 봉사단체를 꾸려 이웃에 나눔과 희망의 빛을 전하려 노력하고 있다. 적은 힘도 모이면 큰일을 할 수 있다. 코로나로 힘든 지금이 바로 서로의 따뜻한 마음의 손을 잡을 때가 아닌가 한다.

- 경기신문 (2022.02.11.)

희망과 행복 주는 존재, 봉사자

"한 손은 너 자신을 돕기 위해 존재하는 것이고, 다른 한 손은 다른 사람을 돕기 위해 존재하는 것이다." 영화배우 오드리 헵번의 명언이다.

지구촌 시대, 많은 인류가 서로 손을 맞잡고 국경 없는 봉사에 참여하고 있다. 나의 작은 후원이 어려운 이웃에겐 큰 힘이 된다. 각자의 재능을 기부하고 기부문화를 활성화하면 서로가 존중받는 사회가 될 수 있다.

테레사 수녀는 "당신이 할 수 없는 것은 내가 할 수 있고, 내가 할 수 없는 것은 당신이 할 수 있다. 그래서 우리는 큰일을 함께 해낼 수 있다"고 강조했다. 내가 아닌 우리와 함께한다면 보다 나은 내일을 만들 수 있다는 믿음을 우리에게 심어주었다.

대문호 셰익스피어는 "기부문화는 주는 자와 받는 자 모두를 두루 축복하는 미덕"이라고 했다. 누군가의 작은 배려가 타인을 행복하게 만든다.

봉사자는 단합해야 하고 존경받는 이들이 잘 되는 세상이 돼야 한다. 사랑은 더 큰 사랑을 낳고 행복을 더해준다. 봉사는 사회안전망을 더욱 튼실하게 구축해 준다. 사회가 건강해야 가정이 살고 지역과 나라도 잘된다. 남다른 애향심과 봉사정신으로 어려운 이웃에게 베푸는 삶을 실천해야 할 때다.

積善之家必有餘慶적선지가필유여경. 적선하는 집안에는 반드시 경복이 남아 있다는 뜻으로, 착한 일을 계속하면 복이 자신뿐 아니라 자손에게도 미친다는 말이다.

성경에도 "의인은 종일 은혜를 베풀며 꾸어주는 삶을 살아가므로 그 자손이 복을 받는다"시편 37장 26절라는 구절이 있다.

대한민국 국민들의 풀뿌리 기부문화는 세계적으로 자랑할 만하다. 유니세프만 해도 45만여 명의 후원자가 월평균 3만 원가량을 기부하고 있으며 후원자 연령은 40대가 가장 많아 비교적 젊은 층이 기부에 적극 참여할 수 있음을 엿볼 수 있다. 대한민국의 개인 기부는 미국, 독일, 일본, 영국에 이어 세계 5위를 차지한다.

개미들의 풀뿌리 기부문화에 힘입어 대한민국은 190여 개 유니세프 회원국 중 유일하게 '도움을 받는 나라에서 도움을 주는 나라'로 전환한 선진국이 됐다. 6·25전쟁 직후인 1950년대 대한민국이 유니세프로부터 가장 많은 지원을 받았던 사실을 돌이켜본다면 격세지감이 아닐 수 없다. 얼마나 자랑스러운 모습인가.

국제 비정부기구NGO들은 세상을 아름답게 만드는 봉사자들의 선행을 상징하는 아이콘이다. 라이온스클럽, 로터리클럽, 와이즈맨, 키와니스 클럽, 기아대책 등이 대표적이다.

물질적인 도움만큼 중요한 것 중 하나는 바로 각자의 재능을 나누는 일이다. 건강한 사회구성원들이 모여들면 지역사회는 활력이 넘치게 된다.

따라서 봉사자는 곧 행복이다. 봉사의 희망을 꿈꾸며 키우는 것은 우리 모두를 위하는 길이다. 나눔과 봉사를 통해 이웃에게 희망과 빛을 전하는 사회 분위기를 조성해 나가자.

작은 힘도 보태면 큰 힘을 발휘할 수 있게 된다. 코로나19가 완전히 종식되고 얼굴을 가린 마스크를 벗는 그날까지 지혜와 행복이 넘치는 사회를 만들기 위한 봉사와 기부에 동참하는 행렬이 더욱 늘어나길 바란다.

구재규 세계봉사단 단장
- 인천일보 (2022.07.28.)

나눌수록 행복한 세상이 가까워집니다

세월이 흐를수록, 금전이 '최고의 가치'로 사람들의 마음에 자리하면서 세태는 점점 더 각박해진다. 주변에 대한 무관심 속에서 사회적 약자들의 처지는 더욱 힘들어지고, 기형적인 분배구조에 편승해 부富의 대부분을 거머쥔 소수는 그들만의 테두리를 굳게 쌓아만 간다. 국민적 분열과 위화감이 커지고 깊어지는 이유다.

하지만 우리 주변에는 아무 조건 없이 이웃을 위해 가진 것을 나누고, 희생하고, 봉사하는 사람들이 여전히 많다. 그나마 사회가 이만큼이나 지탱하는 힘이며, 많은 이들에게 삶의 희망과 용기를 주는 원천이기도 하다.

한국전쟁 직후 설립된 홀트아동복지회. 국내외 입양기관인 복지회는 전쟁과 가난으로 부모를 잃은 수많은 아동들에게 새로운 가정, 즉 새 삶을 찾아주었다.

홀트일산복지타운 정문에는 "사랑을 행동으로"라는 문구가 붙어 있다. 복지회가 지향하는 바가 무엇인지 이 짧은 문장은 분명히 보여주고 있다. 이러한 점은 모든 재산을 바쳐 귀중한 생명사랑운동에 헌신한 복지회 설립자 해리 홀트와 부인 버디 여사의 일생을 통해서도 여실히 입증되고 있다.

전국 곳곳에서 활동 중인 수많은 자원봉사자들도 사회를 건강하게 유지해 주는 자양분이다.

지난 2007년 12월 발생한 태안 앞바다 원유유출 사건. 전대미문의 기름유출로 일대 바다는 물론 해안까지 까맣게 변해버렸고, 어민들과 수많은 해양생물들은 하루아침에 소중한 삶의 터전을 잃어버리게 됐다.

깊은 절망에 빠져 있던 이들에게 희망을 불어넣어 준 것은 다름 아닌 전국 각지에서 자발적으로 찾아온 자원봉사자들이었다. 이들의 살신성인적 노력 덕에 바다는 다시 옛날의 푸른 모습을 되찾게 됐다.

사회 각 분야에서 지금 이 시간에도 주변을 위해 땀을 흘리는 자원봉사들이 무수히 많이 있지만 필자의 기억에는 그때 태안의 새까만 바위 위에서, 물속에서 기름 제거 작업에 매진하던 사람들의 모습이 지금도 또렷하다.

구재규 북인천 라이온스클럽 39대 회장
– 인천일보 (2015.10.27.)

주폭이 조폭보다 더 무섭다

"이제는 우리 모두 건전한 술 문화를 실천에 옮겨야 할 때다."

조선 중기 명의 허준은 『동의보감』에서 음주의 폐해를 누차 경고했다. 지나친 음주는 사람의 몸과 마음을 상하게 해 건강을 해친다고 했다. 알베르 카뮈 역시 "술은 인간을 쫓아내고 짐승을 드러낸다"고 갈파했다.

일선 경찰관들의 말을 들어보면 술 취한 사람들이 공권력을 무시한 채 휘두르는 주폭 탓에 홍역을 치르기 일쑤다. 오죽하면 "주폭이 조폭보다 더 무섭다"는 우스갯소리까지 나온다.

술은 정담을 나누며 좌중의 분위기를 돋워주는 경우가 있지만 과음은 음주자 자신은 물론 주변에 많은 피해를 끼친다. 첫째 잔은 사람이 술을 마시는 것이고, 둘째 잔은 술이 술을 마시는 것이며, 셋째 잔부터는 술이 사람을 마신다는 말이 있다.

음주운전 끝에 패가망신한 이들을 우리는 주위에서 종종 목격하곤 한다. 음주문화가 퇴행의 길을 걸으면서 청소년 음주 문제와 국민 건강 악화에 대한 우려가 커지고 있다.

한국건강증진개발원에 따르면 텔레비전을 통한 주류 광고 송출 횟수는 2012년 21만 1,136회에서 2019년 68만 5,791회로 3배 이상 늘었다. 지금도 청소년 65%가 주류 광고에 노출돼 있고 12.6%는 노출 후 음주 충동을 느꼈다는 조사 결과도 나왔다.

그런데 코로나19 사태가 장기화되면서 이른바 '홈술·혼술 랜선 음주'가 새로운 술 소비문화 트렌드로 자리 잡아가고 있다. 1주일에 한두 번 친구들과 온라인으로 만나 술을 마시며 수다를 떠는 랜선 술 파티가 인기다. 온라인 문화에 익숙한 젊은 세대의 라이프 스타일이 반영된 것으로 보인다. 집에서 머무르는 시간이 많아진 데다 불경기 스트레스 풀 요량으로 집에서 즐기는 음주와 흡연 사례가 느는 추세다.

이제는 우리 모두 건전한 술 문화를 실천에 옮겨야 할 때다. 스스로를 존중하고 이웃을 배려하는 보다 성숙된 시민의식을 발휘해 보면 어떨까.

구재규 세계걸작사진연구소장
- 인천일보 (2021.05.26.)

담배 피울수록 줄어드는 수명, 왜 금연인가?

오늘날 한국인의 평균 수명은 남성 78살, 여성 85살이어서 국제적으로도 장수국가에 속한다. 경제성장에 따른 식생활 개선과 의료기술 발달 등으로 한국인의 수명은 향후 더 늘어날 것이라고 한다. 그러나 건강을 해치는 위험요소들은 군데군데 도사리고 있다.

가장 문제가 되는 것은 흡연이다. 흡연이 건강을 위협한다는 것은 누구나 알지만 이러저러한 이유로 흡연자들은 담배의 해악을 알면서도 쉽게 끊지를 못한다.

국내에선 매년 6만여 명이 흡연으로 의해 조기 사망한다. 세계보건기구WHO는 담배 연기 없는 사회를 만들기 위해 1987년에 5월 31일을 '금연의 날'로 지정했다. 우리나라도 금연을 권장하고 있다. 담뱃값은 나날이 오르고 있고 금연 구역은 점차 확대돼 가고 있다. 2002년 당시 코미디 황제 이주일은 폐암과 투병하면서 텔레비전 금연 공익광고에 출연해 이렇게 말했다. "담배는 독약입니다.

저는 하루 2갑을 피웠습니다. 1년 전에만 끊었어도. 지금 정말 후회됩니다. 담배, 맛있습니까? 그거 독약입니다." 그는 약 4개월 후 62살을 일기로 세상을 떠났다.

정부는 2014년 12월 담뱃값을 2,000원씩 인상했다. 보통 2,500원가량이던 가격이 4,500원으로 뛰었다. 역대 최대 인상 폭이었으며 단일 정책으론 가장 크게 흡연율 하락을 이끈 정책이었다.
2016년 12월 23일부터는 담뱃갑에 혐오사진을 붙였다. 호주나 동남아 수준보다는 약하지만 캐나다, 벨기에보다는 강한 혐오도의 사진을 채택했다. 더 끔찍한 사진을 붙여야 한다는 여론이 있는 반면 비위가 약한 비흡연자들에게까지 정신적 피해를 주므로 아예 담배 진열이나 광고를 금지하라는 여론도 있었다. 이미 영국, 호주, 노르웨이, 싱가포르, 태국 등지에선 법으로 담배 전시를 금지하고 진열대엔 반드시 문을 달도록 하고 있다.

요즘엔 전자담배가 유행이지만 영국의학저널은 궐련형 전자담배의 위해성 연구 결과 일반 담배에 비해 아이코스에서 22개 화학물질이 200배 이상 높게 검출됐고, 국제암연구기관IARC이 규정한 발암물질 중 3개의 독성물질은 최대 460% 증가한 것으로 나타났다.
흡연으로 인한 사망은 매년 국내 3만여 명, 세계적으론 300만여 명에 이른다. 국내의 경우 교통사고로 인한 사망자 수보다 4배나 많다. 최근 폐암이 국내 암 사망의 1위를 차지한 것은 흡연인구 증가와 밀접한 연관이 있다는 것이 의료계의 정설이다. 기관지염, 폐기종과 같은 만성 폐질환은 물론 뇌혈관 질환, 동맥경화 등의 심혈관계 질환의 직접적 유발인자가 되며 산모가 간접흡연을 하면 유산 전치태반, 저체중아, 주산기 사망 등의 빈도가 높아지기 때문에 하루빨리 금연하는 것이 좋다.

일단 끊었던 담배라도 피우는 순간 다시 흡연자가 된다. 어떠한 스트레스 상황에서도 1개비의 유혹에 넘어가지 않도록 노력해야 한다. 끊어야겠다는 강력한 의지 없이 저절로 끊어지지 않는 만큼 흡연자 스스로의 확실한 동기부여가 필요하다. 흡연 충동을 다스리는 것 못지않게 흡연 충동을 일으키지 않는 환경을 만드는 것도 중요하다.

금연 후 1년이 지나면 심장질환으로 인한 급사의 위험이 흡연자의 절반 수준으로 줄어들게 된다. 금연 후 10년이 지나면 폐암 위험도가 흡연자의 1/3 미만으로 감소하

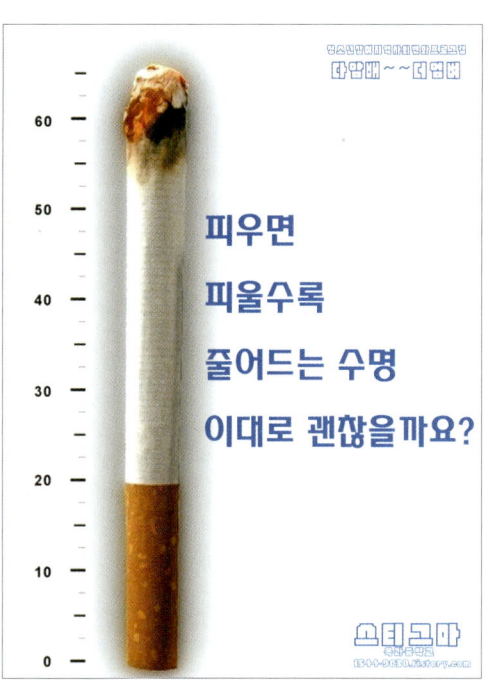

고, 심혈관 질환 및 뇌혈관 질환으로 인한 사망의 위험도 역시 비흡연자 수준으로 감소하는 것으로 알려져 있다. 금연은 자신과 가족에게 주는 가장 큰 선물이다. 금연하는 순간, 행복은 찾아온다.

구재규 세계걸작사진연구소장
- 인천일보 (2021.03.30.)

스마트폰, 카페인 우울증

 스마트폰은 개인 비서나 다름없다. 많은 사람이 일과 중 가장 많은 시간을 스마트폰과 함께 보내고 있다. 내 손 안의 만능 컴퓨터인 스마트폰은 하루 일정을 관리해 주고 1만 명의 전화번호도 거뜬히 저장할 수 있다. 고화질 사진 촬영이 가능하고 영상 제작과 시청이 가능하며 학교, 종교, 은행 업무 등도 비대면으로 할 수 있다.
 그런데 스마트폰을 이용함에 있어 이제 우리 사회는 정보 제공의 양적·질적 측면에서 새롭게 고민해야 할 시점에 놓여 있다.
 SNS가 사람들의 일상생활 깊숙이 자리 잡으면서 '카페인 우울증'이란 신조어가 생겨났다. 여기에서 말하는 카페인이란 카카오스토리, 페이스북, 인스타그램의 앞 글자를 따서 만든 단어이다.

 미국 미주리대학 과학기술대 연구팀이 대학생 216명을 대상으로 SNS와 우울증의 상관관계에 대해 조사를 했다고 한다. 조사 결과 SNS에 더 많은 시간을 쓸수록 SNS 우울증을 앓을 확률이 높은 것으로 나타났다. 독일의 한 연구팀은 지난 2013년 1월 페이스북 이용자 가운데 30%가 페이스북을 이용한 뒤 기분이 불쾌해졌다는 답변을 했다고 발표했다.

국내 한 방송사 보도에 따르면 지난 2019년 2월 기준 우리나라 국민 95%가 스마트폰을 사용 중이며 전 세계에서 사용 중인 휴대전화 대수는 약 50억 대로 추정했다. 이 가운데 절반가량이 스마트폰이며 나머지 절반가량은 일반 휴대전화 단말기로 파악됐다.

미국의 퓨 리서치Pew Research가 27개국을 상대로 조사했더니 스마트폰 이용자 비율이 가장 높은 국가는 대한민국으로 나타났다. 2위는 이스라엘, 3위 네덜란드, 4위 스웨덴이었고 호주, 미국, 스페인 등이 뒤를 이었다.

그렇다면 스마트폰을 활용한 SNS 사용 실태는 어떨까. 우리나라의 경우 18살 이상 어른 76%가 SNS를 사용 중이라고 한다. 이스라엘77%에 이어 2위다. 스웨덴은 3위73%, 네덜란드는 4위72%를 차지했다.

문제는 스마트폰의 과용과 바람직하지 않은 사용으로 인해 사이버상에서 잦은 명예훼손과 모욕 사건이 발생한다는 점이다. 당사자나 상대방의 마음에 상처를 입히는 '악플'악성 댓글은 심각한 범죄 행위이기도 하다. 이로 인한 부작용을 우리는 숱하게 목도하고 있다. 특히 스마트폰 SNS를 통한 악플은 자라나는 어린이와 청소년들의 정서와 인식에 심각한 부작용을 초래하고 있다.

따라서 SNS상 '선플'격려 댓글 운동의 전개에 어른들부터 솔선수범해야 할 때다. 그리고 국내 정보통신기술ICT 업계는 하루빨리 카페인 중독을 막을 수 있도록 스마트폰 솔루션 개발에 역량을 모아주었으면 좋겠다.

코로나19 사태로 비대면 문화는 갈수록 확장되거나 늘어날 것으로 보인다. 이에 따라 SNS 활용 또한 증가할 전망이다. SNS의 건전한 사용을 유도하는 것 못지않게 SNS의 효율적인 디바이스 구실을 맡고 있는 스마트폰 기술력을 획기적으로 향상시키는 국가적 차원의 정책적 지원도 절실한 과제다.

노벨경제학상 수상자인 미국의 밀턴 프리드먼은 "위기만이 진정한 변화를 만들어 낸다"고도 하지 않던가. 우리나라는 코로나19 여파 속에서도 산업 트렌드의 변화를 면밀히 살펴 산업 경쟁력을 높이고 미래산업을 선도하려는 필사의 노력을 기울여야 한다.

그 중심에는 비대면 산업의 약진을 이끌 SNS와 스마트폰이 있다. 21세기 문명의 혁신 도구인 스마트폰이 인류에게 유용하고 효과적으로 쓰이길 고대한다.

구재규 세계봉사단 회장
– 인천일보 (2021.01.15.)

전 국민이 건강한 나라

어느 마을에 명의가 살고 있었다. 마을 사람들은 몸이 아프면 모두 그를 찾아가 치료를 받았다. 그런데 그 의사도 세상을 떠나게 됐다. 마을 사람들은 임종을 앞둔 의사를 찾아가 울부짖었다.

"이제 우리의 질병은 누가 고쳐줍니까?"

그때 명의는 간신히 힘을 내 이렇게 말했다.

"걱정하지 마십시오. 나보다 훌륭한 명의를 소개해 드리겠소. 그 의사의 이름은 '음식'과 '수면'과 '운동'입니다."

우리나라 대통령 주치의를 지낸 고창순 서울대 교수 박사도 어느 TV 대담에서 바른 식생활, 충분한 휴식, 규칙적인 운동을 하라고 말했다. 세계 석학들이 모여 장수 비법을 토의한 결과도 운동, 웃음, 소식小食을 하라는 것이었다. 황수관 박사는 아침식사를 황제처럼, 점심식사는 일꾼처럼, 저녁식사는 거지처럼 먹으라고 했다.

옛 선조들은 생일날 등에 손님을 초청할 때 아침을 드시러 오라 해서 나누어 먹었는데 요즘은 모임이 대부분 저녁에 있어 뷔페, 삼겹살 등을 먹고 과식을 한다. 또 2차, 3차를 간다 해서 과식, 과음, 과로가 쌓인다.

  1960~70년대에는 배 나온 사람을 많이 보지 못했는데 요즘은 영양과잉과 운동부족으로 10대, 20대도 비만인구가 증가하고 있다. 다이어트 비용으로 한 해 10조 원이 든다고 한다.

  얼마 전 한국 청소년개발원과 중국 청소년연구중심 등 4개국에서 고교생을 중심으로 설문조사를 한 결과를 접한 적이 있다.

  시간이 있을 때 일본은 체력을 단련하고, 중국은 공부하고, 미국은 친구 만나고, 한국은 TV를 본다는 조사 결과였다. 우리나라 10대 청소년들의 비만이 심각한 수준이다.

  많이 먹는다고 건강한 것은 아니다. 과식이 오히려 건강에 좋지 않은 영향을 끼침은 주지의 사실이다. 국민들이 저마다 개인체력단련비를 1달러씩 투자하면 국민의료비는 5달러가 감소한다는 내용을 어느 외국 논문에서 본 적이 있다.

  세계 많은 나라들이 국민들의 건강관리를 위해 노력을 기울이고 있다. 호주, 뉴질랜드 정부는 노인들이 운동을 안 하고 건강관리를 안 하면 건강수당을 안 준다고 한다. 브라질은 국기인 축구를 통해 국가질서는 물론 국민건강을 유지하고 있다는 실증적인 연구 결과가 있다. 독일의 경우 동네마다 체력단련장을 만들어 운영하고 있으며, 이는 결국 국민의료 보험비가 절감되는 효과를 가져오고 있다. 영국에는 "우유를 마시는 사람보다 우유를 배달하는 사람이 더 건강하다"는 속담이 있다.

  건강은 결국 본인 스스로가 관리하고 유지해야 한다. 필자는 부평구 생활체육회이사로 10년째 몸담고 있는데 매일 아침 주민들과 함께 에어로빅, 단전호흡 등의 운동을 하고 있다. 3월에서 10월까지 오전 6시부터 1시간 동안 공원이나 학교, 약수터 등지에서 열정을 다하고 있다. 그래서인지 아직까지 건강에 큰 이상을 느끼지 않은 채 살아오고 있다.

  요즘 주변을 보면 건강관리를 위해 달리기를 하는 사람들의 모습이 눈에 많이 띈다. 가벼운 조깅에서부터 마라톤에 이르기까지 다양한 방법을 통해 자신의 건강을 스스로 가꾸고 있다.

  여기에 더해 모임-신달모 신나게 달리는 모임, 건달모 건강하게 달리는 모임, 달사모 달림을 사모하는 모임 등-을 구성해 공식대회에 참가하는 사람들도 부쩍 늘어나고 있다. 곳곳에서 개최되는 마라톤대회에 가보면 42.195km의 풀코스보다 5km, 10km 경기에 참가하는 사람들이 훨씬 많다.

  건강은 도시경쟁력을 키우고 나아가 지역경제, 국민경제 활성화에도 도움을 준다. 거창하게 생각할 필요는 없다. 우선 마음을 편안히 하고 자신에게 맞는 하나의 방법을 택해 꾸준히 실천하면서 건강을 유지하려는 노력이 무엇보다 필요하다고 본다.

구재규 세계사진관 대표
- 인천신문 (2012.01.16.)

2014년 인천송도 국제마라톤 대회

2011년 인천송도 국제마라톤 대회

2009년 인천대교 개통기념 송도 국제마라톤 대회

2009년 송도 국제마라톤 대회
완주메달

북한은 베트남의 변화를 보라

베트남은 한국을 경제개발의 모델로 삼고 있으며, 공산화 이후 경제기반이 무너져 가난한 생활을 하다가 1986년 '도이모이(쇄신)'라는 슬로건 아래 실용주의적 경제정책을 도입하기 시작해 지금은 연평균 6.5% 경제성장률을 기록하고 있다.

필자는 얼마 전 일 때문에 베트남을 다녀왔다. 이곳 국민들은 애국심이 무척 강한 것으로 알려지고 있다. 과거에 집착하기보다는 현재와 미래를 중요하게 생각하면서 한국에 대한 관심도 지대하다고 들었다. 국토의 70%가 산악과 고원지대이지만 먹을거리와 천연자원이 풍부하다. 쌀과 커피는 각각 세계 수출 2위 국이다.

넉넉한 천연자원과 함께 베트남의 높은 발전 잠재성을 뒷받침

하는 것이 인적자원이다. 9,000만 명으로 추산되는 전체 인구의 68%가 30세 미만의 전후세대다. 문자 해독률이 99%에 이를 만큼 높은 교육열과 부지런함이 큰 장점이다.

베트남은 근세사에서 오랜 기간 전쟁과 가난으로 극심한 고생을 한 경험이 있다. 따라서 통일 후 시행착오를 겪기도 했지만 잘살아 보자는 국민적 공감대가 형성되면서 경제개방정책과 함께 급속한 성장을 이루는 밑바탕이 됐다.

국민들은 이러한 성장 결실을 어느 정도 골고루 받고 있다고 생각하며 정부의 성장·분배 정책에 대체로 만족하고 있다.

그리고 한국의 '베이비부머'에 해당되는 전후 세대들의 부지런함과 베트남의 전반적인 정치사회 안정이 외국인 투자유치를 가능케 한 원동력이 됐다.

베트남 방문사진

베트남엔 현재 4,200여 한국기업들이 진출해 있고 14만 교민시대를 열어가며 다이내믹한 동포사회를 창출, 번창해 나가고 있다고 현지에서 만난 한국대사관 박노완 공사 겸 총영사는 설명했다. 한국·베트남 부부가 이미 5만 명에 달한다고 하니 '사돈의 나라'라는 말이 맞는 듯싶다.

양국의 교역규모는 2014년 202억 달러에 이르고, 1992년 수교 이래 60배나 확대되는 등 경제협력 관계가 비약적으로 발전하고 있다. 지난해 5월 양국 간 FTA가 정식 서명됨에 따라 향후 상품 교역뿐 아니라 서비스, 투자 등이 활성화될 전망이다.

시장경제 체제로의 전환을 골자로 한 1986년 도이모이 정책 채택 이후 한국·일본 등 외국 자본들의 현지 진출이 봇물을 이루면서 베트남은 연평균 6.5%대 이상의 고도성장을 지속하고 있다. 게다가 각종 규제를 완화하거나 법률 개정을 통해 외국 자본에 뜨거운 손짓을 보내고 있다.

한국과 베트남은 역사적으로 '분단'의 경험이라는 공통점이 있으나 한국의 통일은 아직 미완의 과제다. 베트남은 30년 분단의 역사를 민족통일로 마감한 지 40년이 지났고, 한국은 70년이 넘는 분단의 역사를 극복하지 못한 채 통일의 열망만을 가슴속에 간직하고 있다. 베트남은 도이모이 정책으로 개방화의 물결을 일으킨 뒤 세계 경제에 신속히 편입되고 있다.

도 관계자는 "베트남은 중국과 미국에 이어 한국의 3대 수출국으로 연평균 6%대의 경제성장률을 기록하고 있는 인구 9,000만 명 규모의 대형 시장"이라고 베트남의 가치를 높게 평가했다.

베트남을 비롯해 중국, 쿠바 등이 시장경제 체제를 도입하면서 물론 정체는 그대로 유지하면서 이처럼 놀라운 변화를 거듭하고 있는 데 반해 북한은 여전히 주체사상을 부르짖으며 폐쇄적인 경제체제로 국민들을 굶주리게 하면서 핵 문제로 세계를 시끄럽게 하고 있다. 안타까운 일이 아닐 수 없다. 이제는 베트남 등 주변의 변신에 눈을 돌릴 때도 되지 않았는지….

구재규 인천라이온스클럽 회장
- 인천일보 (2016.04.27.)

베트남 방문사진

대만 단상

얼마 전에 대만을 다녀왔다. 필자가 몸담고 있는 인천 북인천라이온스클럽과 대만 노죽 라이온스클럽 간에 20년 전 맺은 자매결연에 의해 이뤄진 것이었다.

우리나라와 대만은 지난 세기 중반 이후 비슷한 역사적 경험을 해왔다. 우리가 36년 동안의 혹독한 일제 식민지 기간에 이어 외세에 의해 남북으로 분단됐고, 중국국민당은 오랜 국공내전에서 쫓겨나다시피 현재의 타이완섬에 자리를 잡았다.

어려움을 극복하고 경제발전에 매진하면서 홍콩, 싱가포르와 함께 '아시아의 네 마리 용'으로 불리며 중소기업이 안정적으로 비약적인 성장을 이뤄 세계 경제를 주무르는 외환 보유국 세계 2위로 주변의 부러움을 사기도 했다.

전통의 우방이었던 양국의 관계는 1992년 한중 수교로 한때 불편해지기도 했다. 하지만 최근 들어 세계 곳곳으로 뻗어나가고 있는 한류 열풍에 녹아내리면서 많은 대만 사람들이 싸이를 비롯한 우리 한류 스타들의 노래에 열광하고, 〈별에서 온 그대〉 등 TV 드라마의 인기가 날로 치솟는 등 예전의 상태로 회복되고 있는 느낌이다.

타이페이의 랜드마크인 101층 높이의 빌딩을 지은 것도 바로 우리나라 기업인 삼성건설이라는 사실이고 삼성 스마트폰을 사용한다고 한국 기술력을 자랑하고 있다.

대만은 바다를 사이에 두고 중국과 마주 보고 있다. 155마일 휴전선에서 북한과 잇대고 있는 우리나라와 사정이 별반 다르지 않다. 하지만 최근에 돌아가고 있는 상황은 천양지차다.

대만과 중국은 정치, 군사적으로 서로 으르렁대고 있지만 그 외 경제 등 다른 분야에서는 활발한 투자와 교류가 이뤄지고 있다. 딱딱한 대표급 회담이니 협상뿐 아니라 두 나라 민간인들이 여행 또는 친지 방문 등의 명목으로 서로 간에 자유롭게 오가고 기업들의 투자도 해를 거듭할수록 활발해지고 있다.

한 통계에 따르면 대만 상장기업의 80%가 중국에 진출해 있으며 양쪽을 방문하는 관광객이 연간 700만 명을 웃돌고 있다. 또 중국에 상주하는 대만인이 200만 명에 달하며 30만 쌍의 양안 남녀가 결혼을 한 것으로 집계되고 있다. 이러한 양상은 앞으로 더욱 확대될 것이라는 것을 현지를 가보면 피부로 느낄 수 있다.

반면 우리의 상황은 어떠한가? 분단 이후 무려 60여 년이라는 기나긴 시간이 흘렀으나 양쪽의 간격이 좁혀지기는커녕 간극은 더 벌어지고 있다.

금강산 관광 중단, 일관성 없이 정치적 필요에 따라 회담이나 협상, 물품 지원, 체육이나 문화행사 참여 등의 전시성 교류만 그때그때 이뤄지고 있을 뿐이다. 그마저도 군사적 긴장감이 고조되거나 국제정세가 악화되기라도 하면 당장 중단되어 버리기 일쑤이다.

대만과 중국 관계는 정치 군사적으로 서로 으르렁대지만, 경제적으로 부부 이상으로 다정하다. 경제적으로 서로 발전하며 손 잡고 윈윈하고 있는 것이다.

대만과 중국처럼 우리도 남북 간의 정치적, 군사적 통합이라는 단선적 사고에만 머물러서는 안 된다. 물론 이러한 노력은 어떠한 상황에서라도 계속돼야 하지만 이와 함께 대만이나 중국처럼 보다 통 큰 틀 속에서 통일을 담아낼 수 있는 방식도 고려해 봐야 하는 인식 전환의 시점이 아닌가 한다.

구재규 세계걸작사진 연구소장
- 인천일보 (2014.08.07.)

대만 방문사진

대만 방문사진

상하이를 다녀와서

얼마 전 지인들과 함께 중국 상하이를 다녀왔다. 중국경제의 상징답게 이곳을 찾은 방문객들 대부분은 그 놀라운 발전 속도에 혀를 내두르기 일쑤다.

우리도 예외는 아니지만 과거 일제 강점기 때 나라를 되찾기 위해 독립운동을 벌인 선열들의 발자취가 남아 있어 더욱 애틋하다.

우선 임시정부 청사를 둘러보았다. 내 나라 내 조국을 되찾겠다는 일념으로 저 멀리 중국대륙에서 조선 사람으로서의 의무와 도리를 다하기 위해 애국지사들이 모여 있던 곳이다. 온갖 역경과 고초 속에서도 조국 광복을 위해 분투한 땀과 얼이 서려 있는 장소다.

좁은 계단을 통해 올라가서 비디오를 관람하고 잘 보존돼 있는 도산 안창호 선생과 이승만 대통령의 사진, 집무실 등을 보니 만감이 교차했다. 백범 김구 선생의 집무실과 주방을 거쳐 나오면 기념품을 판매하는 곳이 있다. 엽서 등 몇 가지를 산 뒤 출구 쪽에 마련된 후원함에 돈을 넣고 아쉬운 마음을 달랬다.
 임시정부 청사를 나와 윤봉길 의사가 의거를 결행했던 홍구공원으로 갔다. 중국의 지도자가 "수억 중국 인민이 못한 일을 조선인이 해냈다"며 위대성을 경탄한 바로 그 일이 일어났던 역사적 장소다. 돌에 새겨진 기념비를 보면서 절로 숙연한 마음이 들었다. 임시정부 청사와 홍구공원을 돌아보며 조상의 빛나는 업적을 소중히 다루어야 하고, 비록 수만 리 떨어진 외국에 있지만 우리나라 역사의 상징인 현장 관리에 보다 많은 관심을 기울여야 한다고 느꼈다.

중국 상해임시정부방문

영국의 저명한 역사학자 E H 카아는 "역사는 과거와 현재와 미래와의 대화"라고 했다. 이들은 암울했던 시기 조국과 국민의 희망이었고, 이들이 있었기에 우리는 수많은 고난과 위기를 극복하며 오늘의 대한민국을 건설했다.

감리교신학대학교 박봉배 전 총장은 전에 한 강연에서 "부모 세대들은 한일합방으로 나라 잃은 서러움 속에 노예처럼 살았고, 강제노동으로 수많은 희생자가 생겼고, 6·25를 겪으면서 배고픔과 죽을 고비를 수없이 경험하며 피와 땀으로 이룬 나라가 바로 대한민국"이라고 말했다. 김구 선생은 안두희의 총탄에 맞아 죽었다. 적은 멀리 있는 것이 아니다. 일본군이 김구 선생을 죽이려 그렇게 노력했으나 결국 국내인의 손에 죽었다.

김경준 딜로이트컨설팅 부사장은 『CEO, 역사에 묻다』라는 책에서 "공동체를 위협하는 내부의 적을 방치하는 것은 파멸을 부른다"고 경고했다. 이것이 바로 나라의 국론분열이다.

이명박 대통령은 "북한은 국론이 분열됐을 때 우리를 넘보고, 최상의 안보는 국방력이 아니라 단합된 국민의 힘"이라고 말했다. 남북이 대치하고 있는 상황에서 더욱 강해지고 하나 되는 우리나라가 돼야 한다고 생각한다.

그런 면에서 미국, 일본과의 동맹관계에서 벗어나면 안 된다고 본다. 한반도가 전쟁 없이 그래도 평화를 유지하는 것은 이 동맹의 역할이 크기 때문이다. 미국의 저명한 외교사학자 토머스 베일리는 "최상의 동맹은 상호이익의 조화에 기반을 둔다"고 했다. 한민족이

다시 한 번 도약해 선진강국으로 발돋움하고 21세기 한반도의 안정된 정세를 유지하기 위해서는 주변국들과의 친선관계 유지가 무엇보다 필요하다. 그러나 우리 민족은 안보 문제에 하나가 되지 못한 채 분열하고 다투고 있다. 안타깝고 아쉬운 일이 아닐 수 없다. 조국의 미래를 짊어질 청소년들에게 올바른 역사관과 역사의식을 심어주어야 한다. 이런 면에서 최근 중고등학생들에 대한 역사교육을 강화하기로 한 정부 결정은 바람직하다고 본다. 우리 청소년들이 국제화된, 애국하는 민족주의자로 커나가기 위해서는 우리 역사에 대한 확고한 인식이 동반돼야 한다. 주마간산走馬看山 격이었지만 이미 세계적 도시가 된 상하이를 둘러보고 느낀 소회다.

구재규 세계사진관 대표
- 인천신문 (2011.01.31.)

중국 관리들은 위대한 세일즈맨

한국사업전략연구소 주관으로 중국산업시찰단들은 지난 9월 24일부터 28일까지 4박 5일간의 일정으로 중국 산동성에 있는 치박시와 고밀시를 방문할 수 있는 기회를 갖게 됐다.

일행은 산동성 청도공항에 도착해 장점구에 있는 호텔에 마련된 환영회에 참석했다. 12명의 일행을 위해 산둥대학교 한국어 교수와 조선족 재학생으로 구성된 통역을 선발해 통역에도 어려움이 없도록 하였으며, 음식도 중국 전통 음식에 김치, 깍두기, 된장 등 한국 음식을 준비하는 등 각종 배려를 아끼지 않았다.

치박시 장점구 구청장 및 부구청장은 일본 유학을 다녀왔고, 미국유학도 다녀온 국장들도 많다고 자랑했다. 또 한글로 만든 명함도 가지고 있었다.

그들이 중국을 이끌고 있으며 유학파들이 외자 유치 및 해외 첨단 사업의 유치를 총괄 지휘하고 있었다.

중국 산동성 우쩌민 시장님과 함께

중국의 경제모델은 '싱가포르이광요+한국박정희' 식의 개발모델이란다. 그리고 중국경제 GDP 성장은 7%로 성장하고 있다고 한다.

우리 인천시에 비유하면 국제통상과에 해당되는 공무원들이 기업 유치와 합작업체 유치를 위해 세일즈에 열심이었다. 사무실에는 평면 컴퓨터를 사용하고 있었으며, 관심이 가는 사진관에 들러 보니 최고급 디지털사진 인화기인 노리츠 기계시스템을 사용하고 있었다. 핸드폰도 노키아 컬러폰을 쓰는 것을 보고 중국의 발전상에 새삼 놀라게 됐다.

고밀시는 영화 붉은 수수밭으로 유명한 지역이다. 몇 시간을 달려도 옥수수밭인 그곳에 국가산업단지 조성될 예정이다. 공단 유치 전략으로 현재 한국, 일본, 대만, 영국 등에서 진출해 있었는데 한국에서 진출한 업체를 2군데 방문해 보았다.

중국에서 50년간 땅을 주고 한국기업이 투자해서 만든 합작기업이지만 만약의 경우, 기업체가 잘되지 않을 경우, 임대할 수도 없고

팔 수도 없어 투자한 자금을 되돌려 받을 길이 없게 되는 위험이 따르게 된다.

우리 주변에도 부푼 꿈을 가지고 중국에 진출해서 사업이 망하게 되어 눈물의 보따리를 싸게 된 사연도 가끔 들을 수 있었다.

사전에 철저한 준비와 분석이 있어야 하며 한중의 경제 협력도 중요하지만 기업보호 대책도 시급하게 이뤄져야 하겠다는 생각이 들었다.

고밀시 우쩌미 시장의 말을 들어보면 투자하겠다는 외국 기업체가 계속 방문하고 있다니 중국에는 지금 자고 나면 공장 한 개 생긴다는 말이 거짓이 아닌 것 같다.

중국 산동성경제사절단

中華人民共和國 駐大韓民國 特命全權大使

邱 國 洪

중국대사와 구재규 회장

중국 위해시방문

지금 중국에서 해외파 공무원이 최일선에 나서서 내 고장 투자 유치 상담을 위해 철저한 사전 준비, 상대 기업체 등 너무 열정적으로 일하는 모습을 보고 우리나라 국민들 일자리 많이 잃겠구나, 농담으로 인천에 동북아 중심도시, 경제자유화 지역은 위래 유치단장을 스카우트했으면 좋겠다고 이야기 한 적이 있다.

한국속담에 "사촌이 논을 사면 배가 아프다"라는 말이 있지만 중국 속담에는 "사촌이 논을 사면 나는 더 큰 논을 산다"라는 대조적인 속담이 있다.

13억 중국인들이 국가 경쟁력을 갖추어 마치 차의 운전대를 잡고 액셀러레이터에 발을 올려놓고 달릴 준비를 하고 있는 모습이다.

구재규 세계사진관 대표
– 인천일보 (2003.11.03.)

하와이 이민 뿌리를 찾아

올해로 하와이 이민 111주년을 맞는다. 필자는 아내와 함께 '하와이 이민 111주년 뿌리찾기 운동' 자료를 찾으려고 지난 1월 14일부터 19일까지 뜻깊은 하와이 여행을 다녀왔다. 이를 바탕으로 인천시민에게 알리고 싶은 내용을 몇 자 정리한다.

지금까지 잘 알려진 대로 재미동포들은 한민족 특유의 애국심과 응집력으로 모국의 성장 발전에 힘을 쏟아왔다. 현재 한인 이민 2, 3세는 명문대학교에 진학해 다양한 방면에 두각을 나타내며 미국 사회에 큰 영향력을 끼치고 있다. 이를 증명하듯 '미주 한인의 날'이 지난 2005년 12월 하원과 상원에서 잇달아 기념제정결의안을 통과시키면서 국가 기념일로 법제화됐다. 20세기 초 102명이 이민으로 출발한 미주 한인사회에는 이제 미국과 한국 공동 발전에 기여하는 200만 명이 뿌리를 두고 있다.

가슴 아픈 한인 이민사를 들여다보자. 미국은 남북전쟁을 전후해 하와이의 사탕수수 산업의 중요성을 더해가고, 이에 하와이의 사탕수수와 파인애플 농장주들은 이 산업을 확대하기 위해 외국으로 눈을 돌려 아시아에서 노동자를 수입했다. 1880년대 하와이 농장주들이 조선 정부와 계속 접촉을 갖고 드디어 1902년 11월 고종이 노동 이민을 허락함으로써 한인 노동자 이민은 시작됐다. 하와이 농장주들은 조선의 항구 도시 거리마다 하와이의 풍물, 작업 내용, 미국 달러 임금지급 등의 광고 포스터를 붙이고 노동자를 모집했다. 이 광고는 당시 대기근으로 가난과 굶주림에 시달리던 조선 노동자들에게는 일확천금의 기회로 여겨졌다. 하와이 사탕수수밭에 일하러 갔던 노동자 120명은 인천 제물포항에서 미국선 겔릭호를 타고 1903년도 1월13일, 남태평양 호놀루 알로하 타워 항구에 도착했다. 이것이 하와이 한인들의 이민역사 출발이었다.

망국의 목전에서 조국에 등을 떠밀려 강제이주나 다름없는 하와이 이민생활은 고난의 연속이었다. 척박하고 뜨거운 뙤약볕에서 하루에 10시간 넘게 사탕수수밭 일을 하면서 힘들게 돈을 벌어야 했다. 어렵게 번 돈은 조국 독립을 위해 전해졌다. 하와이 이민자들은 독립자금을 대는 데 앞장섰다. 이민자들은 일제 강점기 나라 잃은 설움을 잊지 않고 가슴에 새겼던 것이다. 일제 강점기 하와이 이민자들이 대한민국 독립자금의 3분의 2를 담당했을 정도라면 알 만하다. 노예나 다름없는 사탕수수 노역과 인종차별, 나라 없는 설움을 견뎌내며 그들이 학수고대했던 것은 조국의 광복이었다.

이승만 박사가 세운 한국문화원옛 독립운동사무실 국민회 건물은 일제가 한국을 강점하던 시절, 하와이 국민회가 인수해 국민회관 건물로 사용하며 해외 독립운동의 메카로서 역할을 했던 곳이다. 여기 비석에는 하와이 사탕수수 농장 초기 이민자들의 삶의 애환을 담은 메시지가 그대로 남아 있다.

"망국의 한을 품고 하와이에서 조국의 독립을 위해 수입의 십일조를 바치며 온 충성을 다하다가 눈을 감으신 무명의 애국지사들의 영혼을 위로하려고 추모비를 세운다."

하와이 노동자로 악착같이 일하느라 안락한 삶은 누리지 못하고 고향을 그리워한 초기 이민의 서글픈 역사다.

특히 하와이 선조들은 인천을 사랑했다. 역사적 인연이 남달라서일 터이다. 실제로 하와이 그리스도 연합감리교회해외에 세워진 첫번째 한인교회는 1903년 하와이에 도착한 한인 이민자 가운데 유병규·안정수를 중심으로 한 인천 내리교회 출신 교인들에 의해 그해 11월10일 첫 예배를 드린 후 호놀룰루 시내에 '한인감리교선교회 Korean Methodist Mission'를 창립했다. 이 한인교회는 조국 독립을 위한 운동기금을 모으고 독립투사를 양성하는 근거지 역할을 수행했다. 이 밖에도 자라나는 꿈나무 2세들에게 한국어 교육을 가르치고 권익 신장과 발전을 위한 구심점 역할을 해 왔다. 아울러 1954

년 개교한 인하대학교는 하와이 이주노동자들의 성금과 국민모금, 이승만 대통령과 정부의 전폭적 지원 속에 설립된 학교다. 인하대는 '배워야 산다'는 이민 1세들의 뜻에 의해 민족 부강·번영을 염원해 인격도야·진리 탐구·사회봉사의 3대 교육 이념을 표방하고 있다. 이처럼 하와이와 인천에는 깊은 역사적 인연이 존재한다.

현재 인천시 중구 월미도에는 한국 이민 100주년 발자취를 돌아보는 박물관이 있다. 이민사박물관에는 선조들의 개척자적이고 선구자적인 삶이 고스란히 묻어 있다. 또한 하와이 한국독립문화원 옛 독립운동사무실 국민회 건물을 경민대학교 설립자 홍우준 박사가 구입해 관리인을 두고 아주 잘 관리해 관광지로서도 손색이 없게 만들었다.

하와이 한국인 방문객이 2013년 기준으로 29만 4,642명에 달하는 이 시점에서 우리 후손들의 숙제는 무엇일까 다시 한 번 생각해 본다.

구재규 세계걸작사진 연구소장
- 인천일보 (2014.02.10.)

하와이 이민 111주년 뿌리 찾기운동 1

하와이 방문 사진

"하와이 선조들의 발자취 인천시민들에게 꼭 알리고 싶어"

알로하aloha!

올해는 하와이와 인천에 의미 있는 한 해를 맞이하기에 하와이어 인사로 시작해 본다.

올해로 하와이 선조들의 이민 111주년을 맞이했다. 필자 부부는 '하와이 이민 111주년 뿌리 찾기운동' 자료를 찾기 위해 지난 2014년 1월 14일부터 19일까지 뜻깊은 하와이 여행을 다녀왔다.

하와이 가서 일주일 동안 있으면서 가까이 한인사회를 많이 다니고 들여다볼 수 있었다. 이를 바탕으로 인천시민에게 알리고 싶은 내용을 몇 자 정리한다.

지금까지 잘 알려진 대로 재미동포들은 한민족 특유의 애국심과 응집력으로 모국의 성장 발전에 힘 써왔다. 현재 한인 이민 2, 3세는 명문대학교에 진학하여 선구자적인

하와이 방문 사진

다양한 방면에 두각을 나타내어 미국사회의 큰 영향력을 끼치고 있다. 이를 증명하는 '미주 한인의 날'은 1903년 1월 3일 102명이 하와이 이주한 날을 기념해 하원 연방정부가 2005년 12월 하원 상원에서 잇달아 기념제정 결의안을 통과시켜 국가 기념일로 법제화시켰다. 20세기 초 102명이 이민으로 출발한 미주 한인사회는 이제 미국과 한국 공동 발전에 기여하는 200만 명이 미국에 뿌리를 두고 있다.

한국은 175개국 나라에 700만 명이 흩어져 살고 있는데 중국인, 유대인, 이탈리아인에 이어 세계 4번째로 많은 숫자다.

미국 이민국에서 조사한 바에 의하면 중국 사람이 이민 와서 변한 것 150년은 중국 식당과 호떡집이 생긴 것이고, 이탈리아 사람이 이민 와서 변한 것 100년은 마피아, 깡패집단 생긴 것이며, 일본 사람이 이민 와서 변한 것 100년은 요정, 기생집 생긴 것이고, 멕시코 사람이 이민 와서 변한 것 50년은 햄버거 가게, 거지가 생긴 것이고, 한국 사람이 이민 와서 변한 것 100년은 교회가 생겨난 것이라고 한다.

미국의 남북전쟁을 전후하여 하와이의 사탕수수 산업은 그 중요성을 더해가고, 이에 하와이의 사탕수수와 파인애플 농장주들은 이 산업을 확대하기 위해 외국으로 눈을 돌려 아시아에서 노동자를 수입하기 시작했고 1880년대 하와이 농장주들이 조선 정부와 계속 접촉을 갖다가 드디어 1902년 11월 고종이 노동 이민을 허락함으로써 한인 노동자들의 이민이 시작되었다.

하와이 사탕수수밭에 일하러 갔던 노동자 120명은 제물포항에서 미국선 겔릭호를 타고 1903년 1월 13일 남태평양 호놀루 알로하 타워 항구에 도착했다. 이것이 하와이 한인들의 이민 역사의 출발이었다.

하와이 노동자로 미국 땅을 디딘 후 피땀으로 일군 인민 역사. 돈을 벌기 위해 악착같이 일하느라 별다른 취미도 얻지 못하고 서양인과 결혼을 못하게 법으로 금지되어 있어 고향을 그리워하고 술을 먹고 외로움을 달랬다는 초기 인민의 서글픈 역사이다.

하와이 방문 사진

　망국의 목전에 선 조국에 등 떠밀려 강제 이주나 다름없는 하와이로의 이민 생활은 고난의 연속이었다. 척박한 미국 땅, 뜨거운 뙤약볕에서 하루에 10시간 넘게 사탕수수밭 일하면서 힘들게 돈을 벌어야 했다. 어렵게 번 돈으로 고스란히 조국의 독립을 위해서 전해졌다. 하와이 이민자들은 독립자금을 대는 데 앞장섰다.

　이민자들은 일제시대 나라 잃은 설움으로 잊지 않고 가슴에 새겼던 것이다. 후손들에게만큼은 밝은 미래와 나라 잃은 서러움을 물려주고 싶지 않았을 것이다. 일제 강점기, 하와이 이민자들이 대한민국 독립자금의 3분의 2를 담당하였을 정도라면 알 만하다. 노예나 다름없는 사탕수수 노역과 인종차별, 나라 없는 설움을 견뎌내며 그들이 학수고대했던 것은 조국의 광복이었다.

　이승만 박사가 세운 한국문화원옛날 독립운동사무실 국민회 건물은 옛 일제가 한국을 강점하던 시절, 하와이 국민회가 인수하여 국문회관 건물로 하용하여 해외 독립운동의 메카로서 역할을 했던 곳이다. 여기의 비석에는 하와이 사탕수수 농장 노동하는 초기 이민자들의 삶의 애환을 담은 메시지가 그대로 남아 있다.

"망국의 한을 품고 하와이에서 조국의 독립을 위하여 수입의 십일조를 바치며 온 충성을 다하다가 눈을 감으신 무명의 애국지사들의 영혼을 위로하기 위해 여기 추모비를 세운다."

하와이 노동자로 미국 땅을 디딘 후, 피땀으로 돈을 벌기 위해 악착같이 일하느라 안락한 삶은 누리지 못하고 고향만을 그리워한 초기 인민의 서글픈 역사의 증거이다.

머나먼 이국땅에서 고난과 역경을 극복하며 돈을 모아 인천과 하와이 첫 자를 따서 인하대학교를 설립하였다.

구재규 세계걸작사진연구소 구재규 소장 (현재 세계사진관 대표)
– 인천기독교신문 (2014.03.08.)

하와이 이민 111주년 뿌리 찾기운동 2

현재 하와이 빅 아일랜드섬에서 여행사를 직접 운영하는 곽승기 대표는 한국인으로 안타까운 심경을 토로하기도 한다.

"선조들의 애달픈 삶의 노고와 뜻을 생각하는 후손들이 점점 줄고 있는 것 같아서 안타깝다. 하와이에서 23년간을 근무하면서 보니, 일본인들의 묘지는 후손들이 자주 꽃을 많이 가져다 놓고 그 뜻을 기리는데 한인들의 묘지는 150개 정도밖에 안 되는데도 불구하고 헌화하는 이도 적고 찾는 이도 적고 찾는 이도 없이 방치되어 있는 것이 현실"이라며 동방예의지국 경로사상을 중요시하는 한국인 입장에서 안타까운 마음이라고 토로했다.

특히, 어느 해외 도시보다 하와이 선조들은 인천을 사랑하셨다. 역사적인 인연이 남달라서일 것이다. 실제로 하와이 '그리스도 연합감리교회' 해외에서 세워진 첫 번째 한인교회, 창립 1903년 11월 10일, 현재 담임 김낙인 목사는 1903년 하와이에 도착한 한인 사탕수수 이민자 가운데 유병규, 안정수를 중심으로 한 인천 내리교회 출신 교인들에 의해 그해 11월 10일 첫 예배를 드린 후, 호놀룰루 시내에 '한인감리교선교회 Korean MethodistMission'를 창립했다.

이렇게 첫 번째로 세워진 한인교회로 일제 강점기에 조국의 독립을 위한 독립운동기금을 모으고 독립투사를 양성하는 근거지로서 역할을 수행했다. 그 밖에도 한인사회의 자라나는 꿈나무 2세들에게 한국어를 가르치고 권익 신장과 발전을 위한 정신적 지주 역할을 했으며 한인공동체의 구심적 역할을 해왔다.

현재 성도들이 1천 명 모이는데 한국 감리교 최초인 인천 내리 감리교회에서 많은 도움을 주셨다고 한다.

하와이 이민자들은 지금까지도 미래의 후손들을 위해 헌신적으로 노력하고 있다. 그 대표적인 인물이 인천광역시 국제 자문관 고서숙65세 씨다. 그녀는 우리 부부가 하와이 여행 중 만났던 소중한 분이었다.

인천시 출신으로 제2장로교회를 다녔고 서라벌예술대학교현재 중앙대학교에서 미술을 전공하고 결혼과 동시에 하와이에 이민을 와서 큰일을 마다하지 않고 있다. 또 하와이 재미동포 사회에서 한인미술협회 회장도 역임했다.

그녀는 인천시 중구 월미도에 있는 한국 이민사박물관에도 역사적인 자료 발굴을 위해 하와이 신문에 광고를 직접 내서 찾아가 만나 보기도 했다. 그리고 인하공원을 주 정부로부터 가져와서 한인

행사를 치를 수 있게 했다. 그녀의 바람은 인하공원에 미추홀 문화회관을 짓고 한국에 나오는 것이다.

현재 하와이 한인회는 현지인의 이야기를 참조하면 안타깝게도 단합보다는 분열이 되어 있다고 한다. 이러한 시점에서 인천광역시 고서숙 자문관은 큰일을 하고 있는 셈이었다.

하와이와 인천이라는 두 지역 사이에는 깊은 역사적 인연이 존재한다. 현재 인천광역시 중구 월미도에는 한국 이민 100주년 발자취를 돌아보는 박물관이 있다. 이민사박물관에 선조들의 삶과 개척자적이고 선구자적인 삶의 조명이 고스란히 담아져 있다.

하와이·한국 독립문화원옛날 독립운동사무실 국민회 건물은 1996년 일본 사람이 54만 불에 사겠다고 해서 경원대학교 설립자 홍우준 박사11·12대 국회의원, 현재 새누리당 홍문종 국회의원 부친가 구입해 뜨거운 민족애로 관리인까지 두고 아주 잘 관리하고 꾸며 관광지로 손색이 없다.

한편, 인천국제공항 자료에 의하면 하와이 방문객이 2013년 1월부터 12월까지 기준으로 294,642명이 방문하고 있는 이 시점에서 '우리 후손들의 숙제는 무엇일까?' 현재 한번 생각해 본다.

구재규 세계걸작사진연구소 소장(현재 세계사진관 대표)
– 인천기독교신문 (2014.03.22.)

사할린 선교 여행을 다녀오면서…

최근 인천부평구경영자협의회 17명의 회원들과 러시아 사할린을 방문했다. 지난 2009년 CBMC 사할린지회 창립 때 방문한 후 이번에 10년 만에 다시 방문하게 된 것이다.

이번 방문 기간 동안 사할린의 유즈노 한인은혜중앙교회를 설립한 러시아 1호 천병기 선교사님의 30년 사역을 통해 많은 것을 깨달을 수 있었다. 10년 전 방문했을 때 교회에서 김치를 담그는 것을 보았는데 자그마치 7t을 담가서 성도들과 드신다고 했다.

지금은 러시아인들도 한국 김치를 좋아해서 슈퍼마켓에는 김치를 팔고 있었다. 천 선교사님은 사할린에 단 하나뿐인 한국어 신문인 새 고려신문을 이끌고 있다.

사할린은 인구가 45,000명으로 한인 3만 명, 1세대 350명, 나머지는 2세대이다. 사할린섬은 러시아에서 가장 큰 섬이자, 세계에서 23번째로 큰 섬이기도 하다. 수도는 유즈노사할린스크이다.

러시아사할린 유주노 교회 방문

이제 1세대는 대부분 한국으로 영주 귀국하거나 세상을 떠나고 2, 3, 4세대가 러시아인을 비롯해 우크라이나인, 키르기스스탄인, 카자흐스탄인, 중국인, 일본인 등 다양한 민족과 섞여 살아가고 있다.

일제 강점기 막바지에 '동토의 땅' 사할린으로 끌려간 한인은 15만 명에 이른다. 1938년부터 모집, 알선, 징용으로 배를 탔다. 인간의 한계를 시험하는 영하 40도와 폭설 속 탄광, 벌목장이 이들을 기다리고 있었다.

19세기 이후 한민족 디아스포라의 역사를 더듬어 보면 동포들의 피와 눈물과 한숨이 서리지 않은 곳이 없으나 그 가운데서도 사할린 동포의 운명은 더욱 기구했다.

일제 강점기의 혹독한 시련은 말할 것도 없고 광복 이후에도 오랫동안 일본과 러시아와 남북한 모두로부터 철저하게 버림받아 왔다. 불과 70년간 국적이 조선→일본→무국적→북한조선민주주의인민공화국→소련→러시아→남한한국으로 최다 7차례나 바뀌었다는 사실만으로도 이들이 얼마나 모진 세월을 견뎌내야 했는지를 짐작할 수 있다.

1988년 서울올림픽이 끝나고 우리나라 북방정책으로 러시아 수교 후 러시아 1호 천병기 선교사가 사할린에서 선교 사역을 시작하였다. 러시아소련의 독한 술 보드카를 마시며 알코올 중독자가 많이 있는 그들을 위해 민족의 한과 아픔을 치유하는 선교사로 파송받아 주님의 말씀으로 간증과 찬양으로 영·혼·육을 치유하고 육신과 영혼을 통해 거듭나게 하는 유즈노 한인은혜중앙교회를 설립하여 제일 큰 교회로 성장하여 살아계신 주님의 역사를 직접 나타내고 있다. 그동안 교회도 23개를 개척하고 8만 평 대지 위에 기도원도 짓고 숙소도 짓고 많은 사람들을 그리스도 품으로 돌아오게 하는 귀한 사역을 하고 있는 것이다. 교회가 이곳에서 주님의 사역에 큰 역할을 하고 있다.

이곳 사할린에는 일제 강점기 시절 사할린에 징용으로 끌려와서 탄광 및 군수공장에서 노예처럼 혹사당하고 고국으로 돌아가지 못한 수많은 한인 희생자들의 넋을 추모하는 위령탑이 세워졌다.

사할린 할머니 효도잔치 삼계탕 대접

  고국을 그리다 망부석望夫石이 된 동포들의 넋을 위로하기 위해 2006년 이 언덕에 높이 10m, 직경 183cm, 두께 33mm의 파이프로 배 모양을 형상화한 이 위령탑은 서울대 미대 교수를 지낸 조각가 최인수崔仁壽 씨 작품이다.

  이 망향의 탑을 디자인한 최인수 서울대 미술대 명예교수는 배 모양을 선택했다. 이는 한인들이 그토록 고대했던 귀국선을 형상화한 것이다. 이 '망향의 언덕'에/ 단절을 끝낼 파이프 배를/ 하늘

부평구 경영자 협의회 춘계 세미나

높이 세웁니다. '망향의 언덕'은 이제 한인들뿐 아니라 많은 이가 즐겨 찾는 명소가 됐다.

사할린 동포들의 끈질긴 노력과 일부 한국인과 일본인의 인도적 지원에도 불구하고 좀처럼 뚫리지 않던 사할린 동포들의 모국 귀환길은 1985년 소련의 페레스트로이카개혁 정책과 1988년 서울올림픽을 거치며 열리기 시작했다.

한국과 일본 정부의 합의에 따라 양국 적십자사는 1989년 7월 14일 협정을 맺고 이들의 모국 영주귀국을 추진했다.

사할린에서 성공한 후 영주 귀국해 양국을 오가며 여유롭게 사는 이가 있는가 하면 자식들과 헤어지기 싫어 영주귀국을 포기한 채 사할린에 남은 이도 있다.

앞으로 사할린 동포 한인들이 인천시 연수구에 사할린복지회관에 정착되어 있는 그분들에게 안정적인 가족생활을 영위할 수 있도록 하고 지역사회 구성원으로서 더불어 살아갈 수 있도록 인천 시민들의 따뜻한 온정의 손길이 필요하다.

구재규 안수집사(인천순복음교회)
- 연합기독뉴스 (2019.06.12.)

러시아 사할린에서 킹크랩

러시아 사할린 교회 기념식수

사할린을 다녀와서

 한국기독실업인회 인천지회 회원 10명은 지난 6일부터 9일까지 사할린을 방문하였다. 사할린은 러시아의 남하정책으로 한인들의 슬픈 역사를 가진 섬으로 면적 76,400km로 경상남북도의 2배와 전북을 합친 크기다.
 섬 주민은 대부분 러시아인이며 최대 소수민족이 한민족이다. 사할린 총인구의 6%를 점유하고 있으며 한인 1세와 후손 43,000명이 살고 있다.

1904년 러일전쟁이 발발하였고 1905년에는 일본군이 사할린을 점령하였으나 일본인은 추운 지방을 잘 가려 하지 않아서 1945년 8월 25일 소련군이 사할린을 점령하게 되었다. 한인들은 중국을 거쳐 러시아로 이주했다. 스탈린 시대에 중앙아시아 강제 이주하였다.

　　사할린 한인들은 러시아 민족에 의해 러시아화 되고 일본 민족에 의해 일본화되는 역사를 가지고 있다. 갑자기 러시아 시대가 되자 러시아 말을 몰라 고생했으나 지금은 러시아어를 국어로 사용하는 러시아인으로서 떳떳하게 살고 있다. 그들은 한민족으로 일본 국적, 소련 국적, 러시아 국적 그리고 한국 국적 등을 가지고 있다.

　　일제 강점기 때 강제징용으로 인해 사할린으로 이주되었다. 대동아전쟁 중 강제징용으로 이루어진 것이 강제연행은 1930~1945년 종전 때까지이며 1941년에 8천 명이었으나 대동아전쟁 중에는 한인들이 4만 명이었다. 1946년 미·소 교환협정 당시 일본인은 30만 명이 일본과 중국으로 돌아갔으나 사할린 한인들은 귀한되지 못한 슬픈 한을 갖고 살았다.

　　한국은 해방 후 사회가 좌우충돌로 점점 불안했고 소련도 일할 사람이 있었기 때문에 수수방관하였다. 일제 강제징용과 전쟁으로 자유를 빼앗긴 사람들이다. 조국으로 돌아갈 수 있는 자유를 달라고 눈물로 노래를 불렀다. 그러나 1945년 공산당이 들어선 후 한국과 문이 닫혀 버렸다.

　　1947년 모스크바 대학교 유학을 하고 피라미드회사 설립해 설계 및 시공회사 한국종합건설회사 합자회사까지 두고 있는 이채인 회장은 그곳에서 아주 성공한 케이스다. 그런 그의 어머니도 늘 노래를 부르고 눈물을 흘리며 한국에 가고 싶다고 했을 뿐 결국 한 번도 못 가보고 돌아가셨다. 그러나 이 회장의 아버지는 1989년 이후 북방정책으로 여행자유 왕래 후 대구에 동촌 고향에 찾아가서 형제를 만날 수 있었다. 그렇게 두 번 한국을 방문하고 죽음을 맞이했다.

반면, 사할린에서 영구 귀국하여 인천광역시 부평구 삼산동 영구임대 아파트에 거주하는 할아버지, 할머니들도 있다. 그런 그들에게 인천 354F지구 라이온스 8지역 **부총재 김영일-부일 라이온스클럽**에서 매년 칠순 팔순 잔치를 하고 있는데 올해도 어김없이 오는 24일 부평구청 7층에서 잔치를 한다.

일본은 식민지 정책으로 인해 한국 사람들이 많이 이주하였고 울산, 경상도 등에서 많이 이주하였다. 경상도 사람이 많고 경상남도 울산 사람도 많다. 사할린 현주민의 말에 의하면 울산 라이온스클럽에서 아시아나 비행기를 전세 내서 1년에 한 번씩 꼭 1주일 구경시키고 돌려보낸다는 것이다. 지금 귀국을 원하는 사람은 영구임대아파트에서 살고 있다.

사할린에는 도둑이 참 많다. 산속 기도원을 가는데 양쪽 산에 차 껍데기만 남은 채 수십 대가 방치되어 있다. 차를 훔쳐다가 부품만 다 빼고 뼈대만 있으며 아파트 앞에 쇠로 만든 개인 차고가 줄지어 있다. 통째로 실어 가기도 한다.

사할린의 주 생산품은 천연가스, 석탄, 금 등 천연자원으로 무궁무진하다고 한다. 코르사 코브항구_{이민 항구} 옆 천연가스, 액화 공장은 한국 EBS 교육방송에도 소개될 정도로 대단하다. 쁘리고르드노예 마을에 연 960t이 생산되며 파이프 800km가 뻗어있다.

그리고 사할린에서 모스크바까지 비행기로 9시간 걸린다. 비용은 700$_{한화 84만 원} 정도다. 하루 2번 비행기가 뜬다. 자녀들 공부를 모스크바로 많이 보내고 있으며 웨딩 사진작가도 캐논 디지털카메라를 모스크바에서 사 온다고 한다.

사할린에서 생활하는 한인 3세들은 러시아 시대 적응을 위해 러시아 말만 한다. 저녁에 자택을 방문해서 자녀들과 말해 보니 현지인이 다 되었고 러시아어만 말하니까 알아들을 수가 없었다. 한인영사관이나 한인교회에서 선교사들이 앞장서서 한국어 공부를 가르쳐야 할 것 같다.

한인 3세인 올가_{57세}는 그곳에서 사업을 하고 있는데 할머니한테 한국말을 배워서 한국말을 제법 잘한다. 그는 한국말, 러시아어, 영어 3개 국어는 해야 한다고 했다. 올가처럼 후손들에게 한국어를 가르쳐 주어 그들의 뿌리를 잊지 않도록 하는 것이 무엇보다 중요한 것 같다.

구재규 인천순복음교회, 세계걸작사진 연구소장

– 연합기독뉴스 (2009.11.24.)

해외봉사는 곧 민간외교활동이다

필자는 인천에서 세계봉사단이라는 단체를 꾸려 다양한 봉사활동을 해오고 있습니다.

자발적으로 참여한 저희 단원 70여 명은 '가슴에 사랑을 손길에 나눔을'이란 슬로건 아래 긍지와 보람을 갖고 봉사에 임하고 있습니다.

세계봉사단 해외봉사활동 (캄보디아 초등학교 시설 개선 사업)

저마다 생업이 있는 바쁜 와중에도 모두 내 일처럼 나서주는 단원들의 모습을 볼 때마다 무한한 감사와 함께 '참사랑이란 이런 것이구나'하는 느낌을 받곤 합니다.

주지하다시피 우리나라는 한때 찢어지게 가난했습니다. 세계에서도 손 꼽히는 빈국 중의 하나였습니다. 그러나 온 국민이 똘똘 뭉쳐 노력한 결과 그 지난했던 어려움을 극복하고 이제는 세계 10대 경제대국에 들어가는 자랑스러운 나라가 됐습니다.

도움을 받던 형편에서 어느덧 도움을 주는 나라로 변모했습니다. 도움은 정부뿐 아니라 민간 부문에서도 활발히 이뤄지고 있습니다. 그 분야도 이루 셀 수 없을 정도로 많습니다.

이에 발맞춰 우리 봉사단원들도 시야를 넓혀 저희 봉사의 손길을 가까운 주변 나라들에까지 확대하기로 의견을 모았습니다. 미약하나마 힘을 보태기로 한 것이죠.

저희는 여러 번의 신중한 논의 끝에 한국전쟁 당시 자국의 사정이 넉넉하지 않음에도 불구하고 파병 등을 통해 우리나라를 도와준 동남아시아 국가들을 대상으로 선정했습니다.

그 첫 번째로 우리 봉사단은 지난해 5월 캄보디아를 방문하고 왔

푸엄오초등학교 책걸상, 칠판 교체

기념식수

습니다. 저희 단원 15명과 평소 캄보디아를 돕고 있는 민족사랑운 동본부 유형창 이사장이 함께 했습니다.

세계봉사단과 캄보디아와의 인연은 코로나19를 계기로 이뤄졌습니다. 코로나19가 극심할 때 마스크 부족으로 어려움을 겪고 있다는 소식을 듣고 저희는 단원들의 십시일반으로 마스크 1만 장을 준비했습니다.

2022년 4월 주한 캄보디아대사관을 직접 방문해 마스크를 전달하면서 대사관 관계자들과 환담을 나눴습니다. 이 자리에서 캄보디아 시엠립시 치크렝구 크바브읍 푸엄오마을에 있는 푸엄오초등학교의 열악한 교육환경 이야기를 전해 들었습니다.

책걸상이 부족해 땅바닥에서 수업을 받고 있고, 또 칠판이 오래돼 교사들이 종이로 대신하고 있다는 것이었죠. 마치 우리나라 1950~60년대와 비슷한 상황의 이야기를 들으면서 안타까운 마음을 금할 수 없었습니다.

이것이 세계봉사단의 해외봉사 첫 발걸음이 캄보디아로 향하게 된 계기가 된 것입니다.

우리는 먼저 성금을 모아 칠판과 책걸상, 교사용 책걸상, 화이트보드 등 교육장비를 새로 구입하도록 했습니다.

이어 푸엄오초등학교를 찾아 칠판과 책걸상을 교체해주고 어린이들에게 도시락을 배달했다. 또 의류 450점, 화장품 200개, 학용품 300점, LED벽시계, 쌀, 라면, 치약, 칫솔도 마련해 전달했습니다. 이날 행사에는 그곳 국회의원과 학교장, 교사, 학생, 학부모 등 150여 명이 참석했습니다.

저희는 학교 교정에 망고나무 4그루 등을 기념으로 심었는데, 망고나무가 자라거든 교정에서 과일을 나누어 먹으라는 의미라고 합니다.

푸엄오초등학교를 찾기에 앞서 캄보디아 특전사령부를 방문해 육군참모차장겸 특수전사령부 사령관 등 관계자들과 환담을 나누기도 했습니다.

특히 최일도 목사가 운영하는 캄보디아 다일공동체에 쌀과 후원금을 기부하고 어린이 300명의 밥퍼 현장에서 배식과 설거지, 음식물 청소 등의 봉사활동을 펼친 것이 아직도 기억에 또렷합니다.

캄보디아 민간외교활동 (최일도 목사님 밥퍼 본사 쌀 제공)

    널리 알려졌듯 '밥퍼'는 나눔의 상징, 섬김의 아이콘입니다. 지난 1988년 청량리역 광장에서 나흘 간 굶고 쓰러져 있는 노인에게 최일도 목사가 따뜻한 밥 한 그릇을 대접하면서 '밥퍼'가 시작됐습니다.

    밥퍼나눔운동은 '오병이어의 기적'으로도 불립니다. 밥 한 그릇을 대접하면서 함께 마음까지 나누는 것, 지금까지 30년 넘게 이어져올 수 있었던 따뜻함입니다.

    다일공동체는 굶주린 이들을 위해 밥퍼나눔운동을 하고 있는 사회복지법인으로 지금도 세계 여러 곳에서 밥퍼/빵퍼 급식지원와 꿈퍼 교육지원, 헬퍼 의료지원, 일퍼 자립지원 등을 진행하고 있습니다. 사회의 가장 소외된 이웃에게 조건없이 할 수 있는 것부터 근본적인 양식을 지원하고 온 힘을 다해 실천하고 행동하고 있습니다.

나이 어린 어린이 한 명 한 명씩에게 일일이 축복기도를 해주던 최일도 목사님, 식판을 들고 식사 장소까지 함께 가서 밥을 먹도록 해주던 자원봉사자들의 모습이 지금도 생생합니다.

캄보디아 특수전사령관 초청 방문

캄보디아 특수전사령관 초청 방문

세계봉사단은 오는 3월 필리핀으로 두 번째 해외봉사에 나설 예정입니다. 필리핀 역시 6·25 때 저희를 도와준 나라입니다.

지구촌시대를 맞아 봉사에는 국경이 없고, 피부색은 달라도 모두 우리의 이웃입니다. '해외봉사는 곧 민간외교활동'이라는 마음가짐으로, 현지 주민들에게 실질적으로 도움이 될 수 있는 봉사활동을 열심히 하고 올 생각입니다.

  캄보디아 학교에 망고 4그루 기념식수 하고왔어요. 망고 과일은 우리나라 감나무처럼 익으면 따 먹을수 있지요. 필자는 외국가면 기념 식수 하고 옵니다. 러시아 사할린에서도 하고 왔는데 50m 높이로 자란다고 했어요.

세계봉사단 단장 구재규 박사

결혼, 이 세상 가장 아름다운 예술

"결혼은 두 사람이 손을 맞잡고 보여주는 가장 아름다운 예술작품."

"각자 빛나는 두 개의 별이 모여 더욱 빛을 내는 것."

결혼에 대한 수많은 정의 중 가려 뽑아 본 것이다.

"싸움터에 나갈 때는 한 번 기도하고, 바다에 나갈 때는 두 번 기도하며, 결혼할 때는 세 번 기도하라"는 속담러시아도 있다.

결혼에는 흔히 천생연분이란 말이 뒤따른다. 하늘이 마련해 준 인연이라는 뜻이다. 하늘이 짝지어 맺어준 인연으로 천생인연天生因緣 또는 천정연분天定緣分이라고도 하며, 하늘이 내려주어 인간이 어떻게 할 수 없는 남녀 사이의 연분을 말한다.

통계청 자료에 따르면 우리나라의 최근 연도별 혼인 건수는 2012년 32만 7,000여 건에서 2017년 26만 4,455건, 2018년은 11월까지 누계 23만 800건으로 매년 줄어들고 있는 추세다. 우리나라의 혼인 건수가 이처럼 감소세를 보이면서 사회는 저출산·고령화를 향해 가파르게 다가가고 있다.

심각한 문제가 아닐 수 없다. 1960년 결혼연령이 평균 남성 25.4세, 여성 21.6세였으나 최근에는 남녀 모두 30세를 훌쩍 넘었고, 아이를 아예 낳지 않거나 한 자녀만 갖는 일이 이제는 더 이상 낯선 풍경이 아니다.

살아가기 팍팍한 현실이 젊은이들의 결혼을 늦추거나 아예 포기하도록 만들고 있다. 젊은이들을 빨리 결혼시키고 출산율을 높이기 위해 다양한 묘책을 짜내는 데 정부는 모든 노력을 기울여야 할 때다.

저출산·고령화 문제가 '결혼 웨딩홀' 업계까지 덮치고 있다는 소식이다. 우리나라 결혼식장, 웨딩홀이 점차 사라지고, 그 빈자리를 대기업이나 요양병원, 교회 등이 채워나가고 있는 실정이다.

최근 몇 년간 전국에 있는 웨딩홀 300여 곳이 문을 닫았다는 통계를 본 적이 있다. 농촌에 아기 울음소리가 없어진 지 이미 오래고, 농촌의 슈퍼마켓에는 아기 기저귀가 재고로 산더미처럼 쌓여 있다.

결혼 적령기 청년들이 결혼을 해야 한다. 결혼도 교육처럼 백 년을 내다보는 국가 대계이어야 하며, 민족을 번성케 해 강한 국가로 유지시키는 일은 국가경영의 최우선 목표다.

이렇게 해야 늙어가는 대한민국을 구할 수 있다. 우리는 어느덧 저출산·고령화로 경제활동인구가 급감하는 인구절벽 시대를 눈앞에 두고 있다. 2014년 7월 도입된 기초연금 수혜자가 올해 500만 명을 넘어설 전망이며, 2025년이면 초고령사회에 진입할 전망이다.

  큰 재앙이 아닐 수 없다. 인구문제는 국가 경쟁력과 직결된다. 대책 마련이 그 어느 때보다 시급하다.

구재규 세계걸작사진연구소장

- 인천일보 (2019.02.13.)

출산이 곧 국력이다

 우리의 미래는 출산에 있다. 국토가 아무리 넓다 해도, 국민소득이 아무리 높다 해도 국민의 인구가 줄어든다면 종국에는 아무런 의미가 없는 것이다. 국민이 없는데 무슨 나라 땅이 의미가 있을까.

 국가의 3요소는 국민, 영토, 주권이다. 대한민국 헌법 제1조에서 "대한민국의 주권은 국민에게 있고, 모든 권력은 국민으로부터 나온다"라고 선언하고, 이어 동법 제3조에서 "대한민국의 영토는 한반도와 그 부속도서로 한다"라고 명문화하고 있다.
 이 세 가지 요소 가운데 하나만 없어도 국가가 될 수 없다.

 저출산이 이어지면서 나라의 미래에 희망이 없어지고 있다고 한다. 걱정하지 않을 수 없다. 인구절벽 시대를 경고하는 보도도 잇따르고 있다.

세계 주요국 합계 출산율을 보면 15세에서 49세 이하 여성 인구 1인당 세계 평균 출산율은 2.56명인 반면 한국은 1.13명이라는 통계도 있다. 또 한 통계는 우리나라 국력 상승에 가장 장애가 되는 요인 중 저출산이 40.2%에 달한다고 한다.
　세계 최고의 인구 감소율로 인해 국가소멸 가능성이 가장 높다는 얘기도 왕왕 거론되고 있다.
　통계청 자료에 따라도 우리나라는 유엔 회원국 중에서도 '초저출산국' 1위에 올라 있다. 다시 말해 세계 최고의 인구 감소율로 인해 국가소멸 가능성이 가장 높다는 의미다.

　인구정책이야말로 교육에서 말하는 백 년을 내다보는 국가 대계를 세워야 한다. 저출산으로 인한 급격한 인구 감소가 심각한 지경에 이르렀다. 이대로 간다면 대한민국의 앞날은 희망이 없다.
　갈수록 고령화 사회가 돼 가고 있는 우리 사회다. 더 심각한 상태에 이르기 전에 정부와 국민이 나서서 범국가적 차원에서 인구증가 정책 개발을 서둘러야 하겠다.
　대학을 졸업하고도 일자리를 구하지 못해 대졸 실업자가 거리에 넘쳐나고 있다. 직장이 없으니 결혼해도 아이를 키울 능력이 없다. 제반 육아 환경 또한 열악하다.
　당연한 결론이다. 취업이 안 되니 결혼을 미루게 되고 출산율도 감소하게 되는 것이다. 저출산이 이어지고 고령화가 늘어나면서 나타나는 문제점이 한두 가지가 아니다. 인구 감소로 국력이 흔들리고 있는 것이다.

　금년도 대학 졸업생 가운데 정규직으로 채용된 인원이 11%에 지나지 않는다고 한다. 게다가 20~30대 남녀 중 결혼을 반드시 해야 한다는 의식도 갈수록 희박해져 가고 있다.
　청년들이 일을 할 수 있는 일자리가 창출되지 않는다면 인구절벽은 지속되리라고 본다.
　'요람에서 무덤까지'라는 말은 우리의 이상일 뿐이다. 갈수록 고령화 사회가 돼 가고 있는 우리 사회다. 우리에게 남은 희망은 결론적으로 말한다면 출산이다.
　출산이 곧 국력이다.

구재규 세계사진스튜디오 대표
- 기호일보 (2019.01.23.)

한 나라의 인구는 국력을 상징한다

외국의 한 보고서에는 2030년을 기점으로 국가의 세력이 급격히 약화되며 2050년 94억 인구 중 60억이 아시아 땅에 살게 되면서 인구가 많은 인도16억와 중국14억이 세계 강대국이 된다는 시나리오가 있다.

2009년 한국이 경제협력개발기구OECD 30개국 회원 중 자살률이 가장 높은 반면 출산율은 가장 낮은 것으로 나타났다. 자살률은 2006년 기준 1.13명으로 OECD평균1.65명에 크게 못 미치며 회원국 중 가장 낮은 수준이었다.

현재 지구촌 인구는 64억. 한국의 현 인구는 4천600만 명이나 2050년 3천만 명, 200년 후엔 500만 명, 2800년에는 한국인 종족이 없어진다는 끔찍한 보고도 있다.

> "20년 뒤에 길거리에서 만나는 5명 중 1명이
> 65세 이상인 노인사회가 된다.
> 2005년 우리나라 65세 이상 인구는 430만 명인데
> 2020년에는 780만 명, 매년 23만 명씩 증가한다.
> 이는 파주, 목포, 강릉, 춘천 등 인구와 맞먹는 규모다.
> 우리나라는 매년 65세 이상 인구만 모여 사는
> 춘천 도시 규모가 하나씩 늘어난다."
>
> - **김경록** 박사 -

정부와 민간이 출산억제정책으로 1970~80년대 남자들은 정관수술을 하면 예비군 훈련을 면제해 주었다. 지금은 출산장려운동을 펼치고 있다.

인구를 어떻게 하면 늘릴 수 있을까? 여러 가지 방법이 있을 것이다. 해외에 버려지는 입양아를 없애고 국내 가정에서 키우는 것은 어떨까?

우리 고향 옆집에는 아들 낳으려고 하다가 딸만 7명을 가진 집이 있었다. 태아 성별 감별도 금지해야 한다. 우리나라 태아 감별이 선진국의 3배란다. 인명 경시 현상이고 남녀 구별해 낳으려고 하다가 낙태를 하고. 출산을 장려하기 위해서는 낙태 근절 캠페인을 벌여야 한다.

한 나라의 인구는 국력을 상징한다. 나라 인구가 많으면 강대국이다. 지금은 경제 강대국이나 아이가 없으면 누가 일하고 누가 이 민족을 먹여 살릴 것인가. 보건복지가족부 자료에 따르면 신생아

1명이 평생 12억 원의 생산유발효과를 내고 1.15명의 일자리를 창출하는 것으로 분석됐다.

대한중소병원협의회 권영욱 회장은 우리나라 총 병원 수가 2천여 곳인데 대학병원의 경우 전공의 모집에서 제일 인기 있는 것은 성형외과라고 밝힌 바 있다. 문 닫는 곳은 산부인과와 소아과다. 산부인과 지원자가 전혀 없는 병원이 무려 29곳인 것으로 나타났다

이웃나라 일본의 인구는 1억 2천800만 명. 여기에 출산장려를 위해 월 1만 5천 엔약 13만 5천 원씩 연간 8조 원을 투입하고 있다.

프랑스는 국가가 강력한 책임 의지를 갖고 지원해 주고 있고 7천500만 명 유지를 위해 온갖 힘을 쏟고 있다. 아이 잘 안 낳기로 유명한 프랑스가 유럽 최고의 베이비붐과 출산율을 기록하는 나라로 바뀐 이유는 정부의 파격적인 지원 덕분이다. 프랑스는 3명 이상 낳으면 여러 가지 혜택을 주고 있다.

출산과 양육 보조금이 국내 총생산량의 4%가 넘는다. 또 출산 직장여성에게는 100% 유급 휴가를 준다. 이러한 국가적 지원에 힘입어 1994년 유럽 최저 수준인 1.66명에 불과했던 프랑스의 출산율은 2.02명으로 올라섰다.

출산장려운동을 안 하면 노동인구 감소, 복지지출증대, 성장 잠재력 저하 등 정부 재정 고갈이라는 큰 사회적 문제가 대두할 것으

로 우려된다.

　미국 국립경제조사국 선임연구원이면서 보스턴대학 교수인 클렌스 코틀리코프는 『다가올 세대의 거대한 폭풍』에서 고령화에 따른 재정 악화와 자본시장의 변화 등을 심각하게 경고하고 있다.

　또 현대 경영학의 아버지로 불리는 피터 드러커 교수는 미래를 예측할 때 인구변수를 매우 중요시했다.

　노벨경제학상 수상자인 폴 새뮤얼슨 교수는 "인구가 증가하는 국가야말로 가장 훌륭한 폰지게임의 장"이라고 말한다.

　전 세계 80세 이상 인구가 2050년에는 30명당 1명이 될 것이라고 한다. 노인인구의 급속한 증가로 한국도 곧 노인왕국이 될 것이라는 분석이 나와 있다.

　자녀 더 낳기 운동을 적극 벌여야 한다. 국가의 백년대계 차원에서 꾸준히 출산 장려 운동을 펼쳐야 할 것이다.

구재규 세계걸작사진연구소장
- 인천신문 (2010.01.11.)

가족, 사랑과 믿음이 삶의 원동력

미국 IRS^{국세청} 통계를 보면 백만장자의 90% 이상이 초혼을 유지한 사람들이다.

부를 축적하는 데 부부의 협력과 아내의 뒷바라지가 도움을 주었다는 것이 백만장자들의 공통된 고백이다. 가족의 사랑과 믿음이 삶의 원동력으로 작용하고 있는 것이다.

사진관을 운영하면서 이런 가족의 소중함을 느꼈던 일화를 소개한다.

어느 중년 남자분이 필름 3통을 가져와 현상하다가 깜짝 놀랐다. 이게 무슨 사진이냐고 묻자, 동해안 바닷가 해변에서 아내 사진을 안고 걸어가고 설악산에서 아내 사진을 들고 걸어가는 것이라고 했다. 부인이 잠자다가 갑자기 돌아가는 바람에 너무 마음이 아파 부인과 같이 걷던 길과 산과 바닷가에 사진액자를 들고 다녔다는 것이다. 혁대 주머니 가방 조그만 앨범에는 부인 사진을 넣어 다니면서 보고 또 보고, 외국도 같이 갔다고 했다.

사진을 보니 부인이 키도 크고 예뻐 보였다. 남편이 부인을 얼마나 사랑했으면 저럴까 하는 생각이 들었다.

두 번째 에피소드. 중년 여자분이 액자를 가져와서 보니, 떨어져서 사진이 훼손되었다고 했다. 남편이 군대에서 대대장을 했는데, 남편 사진을 애지중지하면서 찢어진 사진을 수정해 달라는 것이다.
남편을 사랑하는 마음으로 다시 만들어 주면서 부인이 남편을 얼마나 존경하고 사랑할까 하는 생각이 들었다.
중국인은 결혼하기 전 산동성 태산 꼭대기에 자물쇠를 잠그고 열쇠는 밑으로 던져 버린다. 왜? 둘이 하나가 되어 변치 말고 죽을 때까지 사랑하자는 뜻이란다.
가정의 소중함을 알리는 속담에 "사위는 백년손님이요, 며느리는 종신식구다"라는 말이 있듯이, 집안사랑, 부인사랑, 남편사랑이 복된 가정이라고 할 수 있다.
이혼이 현대 사회에서 얼마나 통계적으로 많은가. 이혼해서 부모님 가슴 아프게 하고, 자식들은 저 좋으면 되는가. 불행의 씨앗을 잉태하는 것이라고 생각한다.
옛날에 전쟁터에 나갈 때는 두 번 기도하고, 결혼할 때는 세 번 기도하라고 했다. 남편은 아내를, 아내는 남편을 받들고 존경할 때 가정이 바로 선다.

구재규 오피니언 칼럼
- 인천신문 (2008.05.26.)

가정이 건강해야 나라도 건강

부평1동에서 사진관을 경영하면서 있었던 잊을 수 없는 일이 아직도 생각이 난다.

늦은 오후에 자전거를 타고 찾아온 학생이었는데 중3 정도쯤 되어 보였다. 사진 봉투에서 사진들을 꺼내더니 부모님께서 친목회 부부 동반으로 제주도 여행을 다녀오셨을 때 찍으신 사진인데 제일 잘 나온 사진으로 확대해서 액자로 만들어달라고 했다.

학생은 아버지 생일선물로 드리려고 하니 늦지 않게 해 달라고 부탁했다. 또 자기 용돈으로 부모님을 기쁘게 해드리려고 돈을 모아 봤는데 돈이 모자랄 것 같다며 가격을 잘 부탁드린다고 했다.

이 학생의 모습에 나는 감동할 수밖에 없어 정성껏 사진을 뽑아 잘 현상을 해주었다. 효도란 이런 작은 실천부터 시작하는 게 아닐까? "많은 사랑은 혀끝에 있고 참사랑은 손끝에 있다"라는 디엘무디 선생의 말씀처럼 말이다.

"子孝親樂 家和萬事成" 자녀의 효도로 부모가 즐겁고, 가정이 화목하면 만사가 형통하다

2003년 며칠 전 한 남학생이 방문했는데 상처 부위를 찍어달라며 옷을 벗었는데 온몸에 멍이 들어 있었다. 왜 그러냐고 물었더니 바라는 서울대학교에 합격하지 못하고 연세대에 갔다고 계모가 두들겨 패고 등록금도 못 내주겠다고 했다며 친척들과 친어머니와 함께 왔다. 서로 화목하지 못한 가정에서 볼 수 있는 어려움을 느낄 수 있어 안타까움을 느낀 경우였다.

청소년에게 꿈과 용기를 주어야겠다.

조국의 미래 청소년 책임 아닌가?

건강한 가정 부부간 좋은 모습.

자녀를 사랑하고 가정마다 효도하고 밝은 건강한 사회가 되었으면 한다.

구재규 세계사진관 대표
– 인천일보 (2003.02.28.)

젊은 노인이 많아야 대한민국이 산다

하늘에서 내려준 인간의 수명은 120살이라고 한다. 오늘날 한국인의 평균수명은 남성 78살, 여성 85살로 배 이상 늘어났고 세계적으로도 최상위권에 속해 있다. 경제성장에 기인한 식생활 개선과 의료기술 발달 등으로 인해 한국인의 수명은 앞으로 더 늘어날 것이다.

올해 100살을 맞이한 김형석 교수가 쓴 책 『백 년을 살아보니』가 큰 화제를 모은 적이 있다. 2019년 인천상공회의소 아카데미에 참석해 송도센트럴파크호텔 같은 테이블에서 조찬을 함께했는데 식사도 잘하시고 특강 하시는 내내 꼿꼿한 자세로 강연을 마치셨다. 김 교수는 100살 연세에도 매일 걷기운동을 하고 일주일에 두 차례 수영을 하는 등 규칙적인 생활로 건강을 관리하면서 1~2주마다 한 차례씩 강연하는 노익장을 과시하고 있다. 김 교수처럼 100살에 타인의 도움 없이 자기관리를 하며 건강하게 정열적으로 일한다는 것은 축복받은 삶임에 틀림없다.

'스포츠 7330 캠페인'은 대한체육회와 문화체육관광부가 지난 2006년부터 추진해 온 스포츠 공익 캠페인이다. 1주일에 3일 30분씩 운동하면 온 국민이 건강하고 행복한 삶을 누릴 수 있다는 운동이다.

미국 암학회ACS는 건강한 식습관과 활발한 신체활동을 한다면 전체 암 사망의 3분의 1을 줄일 수도 있다고 발표했다. 스탠퍼드 대학 연구팀은 하루 30분씩 주 3회 이상 규칙적으로 운동하면 하루 2시간 이상의 수명 연장 효과가 있다는 연구 결과를 내놓았다.

동서고금을 막론하고 규칙적 운동의 중요성을 강조하는 사례는 숱하다. 운동이 노화를 지연시키는 최대 무기이자 비법임은 하버드대 노인병 전문의인 뮤리엘 R 질릭 박사의 조언에서도 알 수 있다. '오래 사는 것living longer'보다 '건강하게 잘 사는 것living well'을 더 생각해야 할 때다.

길어진 노후를 행복하게 보내기 위해선 무엇보다 건강 유지가 필수다. 2050년 노인인구 비중이 전체 인구의 3분의 1을 훌쩍 뛰어넘는 37.3%에 달할 것이란 전망이 있다. 2050년이면 65살 이상 인구 730만 명 중 약 10%가 치매환자에 해당할 수도 있다고 한다.

당뇨병 환자가 점점 늘어나면서 향후 2020년대엔 500만 명에 이를 수 있다는 예측이 있는데, 백건우 대한치매학회 이사장고려대 안암병원 신경과 교수은 코로나19로 인한 치매 예방의 어려움을 토로하면서 치매 예방을 위해 평소 지켜야 할 원칙을 제시했다.

우선 운동이 첫손가락에 꼽힌다. 박 이사장은 "인간은 동물이다. 움직이지 않으면 뇌는 죽는다"고 말한다. 코로나19 탓에 운동하기 어렵지 않느냐는 질문에 대해선 "그것은 핑계"라고 잘라 말한다. 실내에서 할 수 있는 운동이 많고, 유튜브 등 각종 매체를 통해 실내운동법을 얼마든지 익히고 실천할 수 있다는 것이다.

평생학습을 통해 건강하게 지내야 한다. 평생학습 시대에 공부하고 평생운동을 해서 자식에게 의존하지 않고 건강하게 살자. 실버 건강교실이나 체조교실 등을 찾아 건강할 때 건강을 지키고 스스로 건강한 삶을 살 수 있도록 하자. 즐거운 노래를 부르며 삶의 행복과 소망을 갖고 젊음을 되찾자.

나이의 숫자는 많아도 몸과 마음이 튼튼한 젊은 노인으로서 지역사회를 위해 봉사하며 국가에 이바지하자. 체력단련비로 1달러를 투자하면 국민 의료비 10% 절감 효과를 볼 수 있다고 하지 않는가.

구재규 세계걸작사진연구소장
- 인천일보 (2020.08.27.)

부모님의 황혼 취업

　인천 부평에서 15년째 사진관을 경영하고 있다보니 최근 60~70세의 어르신들이 취업용 사진을 찍으러 오는 경우를 종종 본다. 자녀들의 뒷바라지를 위해 황혼 취업을 하기 위한 것이다.
　대학을 나와도 취업이 되지 않는 자녀들은 대학원과 유학을 가며 더 넓은 세상을 꿈꾼다. 하지만 이에 필요한 자금은 고스란히 부모들의 황혼 취업으로 이어지고 있다. 자녀들의 높은 교육열은 환영하지만 일선 직장에서 은퇴한 부모님들이 생활비를 버는 사회 현상이 늘고 있는 셈이다.
　국내 중소기업 역시 사람을 못 구해 애태우며 외국인 근로자 채용으로 문제를 해결한다.
　전국경제인연합회 자료에 따르면 우리나라 기업체들이 고용 인력을 찾기 위해 해외로 빠져나가는 현상이 늘고 있다. 통계청 조사에 의하면 5년 사이 20대 취업은 줄었고 60대 고용은 5.6% 상승했다고 한다.
　일제 강점기, 6·25 한국전쟁, 5·16혁명, 보릿고개, 산업화 시대,

민주화 시대를 거친 부모 세대들은 나라가 잘되는 것은 물론 자식 교육도 잘 시켜 집안이 잘되길 바라는 분들이다. 배고픔과 어려운 역경을 어기고 땀 흘리며 살아온 아날로그 세대다.

청년 백수 100만 명 시대를 맞이한 지금, 청년 실업자들은 반성을 해야 한다. 이태백'20대 태반이 백수'의 줄임말을 탈출해 취업으로 부모님께 효도하고, 적성에 맞는 일자리를 찾아 부모님께 용돈을 드리며 희망을 드려야 한다.

지난 4일 인천 일자리 박람회가 삼산월드체육관에서 열렸다. 청년 실업과 중소기업 인력난 해소를 위해 정부와 지역사회, 상공인들이 한마음이 돼 사회적 일자리 창출을 위한 기업 지원과 다양하고 실질적인 정보, 직업 교육 등으로 구직활동을 도와야 할 것이다.

청년들은 적성에 맞는 일자리를 찾아 취업하고, 개인과 국가의 성장동력이 돼 좋은 사회, 좋은 지역, 좋은 나라를 만드는 데 앞장서야 한다.

회사에서 자신의 능력을 발휘하고 미래에 대한 도전과 국가 미래 경쟁력과 인재 경쟁에서 뒤떨어지지 않게 노력해 부모님의 걱정을 덜어 드려야 한다. 자녀들에 대한 부모님의 걱정과 사랑은 견줄 데가 없다. 청년 젊은이들의 큰 힘은 대한민국의 성장동력을 일으키는 데 필요하다.

구재규 세계걸작사진연구소장
- 인천신문 (2010.05.01.)

'아픈 장수'는 축복 아니야

전 세계 인류의 체질과 평균 수명에 대한 측정 결과를 5단계로 나누어 발표한 바 있다. 이에 따르면 태어나서 17세까지는 미성년자, 18~65세는 청년, 66~79세는 중년, 80~99세는 노년, 100세 이후는 장수노인으로 분류됐다.

인생은 종종 축구 경기에 비유되기도 한다. 25세까지는 연습 기간이고, 50세까지는 전반전, 75세까지는 후반전, 100세까지는 연장전이다. 후반전이나 연장전에서 터지는 인생의 결승골을 기대하면서 즐거운 마음을 갖는 것도 건강 비결이다. 행복지수가 높아질 것이다.

서울대 최현자 교수는 노년 은퇴 설계 지원 센터 연구에서 건강수명을 첫째로 꼽았고 이어 경제수명, 활동수명, 관계수명 순으로 제시했다.

하와이를 두 번 방문한 적이 있다. 와이키키 해변 부근 부자촌을 지나면서 동네를 달리며 운동을 하는 사람이 많은 걸 보고 놀랐다. 미국 대학 스포츠의학회ACSM가 1977년에 제안한 건강운동 가이드 라인 7330은 1주일에 3번 이상 30분씩 운동하자는 것이다.

한 외국 논문에 전 국민 체력단련비를 1달러 투자하면 전 국민 의료비가 10% 절감된다는 이야기도 있다.

엘리트는 엘리트대로, 생활체육은 체육대로 꾸준히 건강을 위해 노력해야 한다. 우리나라에서도 퇴근 후 공원이나 지방 자치 센터 등 곳곳에서 운동에 땀을 쏟는 사람들을 흔히 볼 수 있다.

조선시대 명의 허준 선생은 "좋은 음식은 건강을 지켜주는 명의다"라고 하셨다. 운동과 함께 섭생의 중요성을 강조한 말이다.

사람들은 무병장수를 꿈꾼다. 무병장수에도 비법이 있다. 그것은 다름 아닌 "두한족열 위팔분도 머리는 차고 발은 뜨겁게, 위의 8할만 채워라"다. 즉, 과식하지 말고 조금 모자란 듯 먹으라는 것이다. 거북이나 학이 오래 사는 이유는 과식하지 않기 때문이라는 옛말도 있다.

불로장생을 꿈꾸었던 진시황은 불과 49세에 죽었지만 현대 사회 의술의 발달로 영웅호걸 제왕들도 누리지 못했던 장수의 복을 지금 우리는 만끽하며 살고 있다.

조선시대 왕들의 평균수명이 46.1세였던 데 반해 82세까지 장수한 영조의 건강비결은 식단에 있었다는 연구가 있다.

흰쌀밥을 멀리하고 잡곡밥을 즐겼으며 궁궐에서는 하루 5차례인 식사를 세 번만 했고 식사시간을 잘 지켰다는 것이다. 자신의 건강

상태를 위해 내의원으로부터 재위 52년간 총 7,284회 즉 연평균 140회의 건강검진을 받아 질병을 예방한 것도 장수의 비결이라고 역사가는 전하고 있다.

건강에는 이처럼 적당한 섭생과 알맞은 운동이 최고다. 아프지 않은 장수를 위해….

구재규 세계걸작사진연구소장
– 인천일보 (2018.06.05.)

인류 생존을 위협하는 바이러스

10대 학교 다닐 적에 선생님이 현대 의학은 한 가지 병을 잡으면 또 다른 병이 생길 것이라고 하셨다. 세계는 지금 보이지 않는 바이러스와 전쟁을 벌이고 있다. 2003년도 사스, 2009년도 신종플루, 2015년 메르스, 2019년 코로나19. 유행하는 전염병은 80%가 야생동물로 생겨났다 한다.

독일 메르켈 총리는 "중국 우한에서 발생한 코로나19 바이러스는 2차 대전 후 가장 큰 도전이며 보이지 않는 적敵과의 싸움이다"라고까지 표현했다.

지구촌 시대에 신종 바이러스 코로나19는 인종과 국경을 구별하지 않는다. 선진국이라 일컬어지는 미국·스페인·이탈리아·영국·일본 등의 국가에서도 많은 확진자를 내고 있다.

코로나19의 전 세계적 확산 속에 정부는 방역 협력 체계를 빨리 구축해야 한다. 최고 전문가인 의사의 의견에 정부는 귀를 기울이고 시민은 코로나19 종식을 위해 강력한 사회적 거리 운동에 적극적으로 참여해야 한다.

한국 경제 신문은 항공기가 멈추자 기내식, 리무진, 여행사가 부도나고 공항 국제선이 멈추자 항공업체가 무너지는 생태계이다.
세계 각국 항공업계는 지원책 마련에 분주하게 움직이고 있다.
서울 중심 상권도 코로나 직격탄으로 휘청하고 있다는 소식이다. 코로나19로 산업경제에 막대한 영향을 끼치고 기업들은 직원들을 재택근무를 시키는가 하면 학교도 온라인 강의로 대체하고, 기독교·천주교·불교 등 종교단체도 온라인 예배를 드리고 있다.
동네 상권도 가게는 문을 닫고 일용직, 비정규직 등은 일자리를 잃고, 경영악화로 소상공인들의 폐업이 속출하고 건물주도 임대가 안 돼 비상이 걸렸다. 지방 자치단체는 지역 경제 살리기를 해야 한다.

코로나19는 항공 운항 및 자동차 운행을 줄이며 지구를 쉬게 하는 효과를 가져오기도 했다. 온실가스도 줄고 이산화탄소 배출이 급감해 푸른 하늘을 볼 수 있다.
인도 북부 지역에서 200㎞ 멀리 떨어져 있는 히말라야 산을 볼 수 있다고 한다. 아이러니가 아닐 수 없다.
코로나19 팬데믹(대유행)이 세계 질서를 영구히 바꿀 것이라는 미국 전 국무장관 헨리 키신저의 월스트리트저널 글에 주목해야 한다. 세상은 코로나19 전BC:Before Corona과 후AC:After Corona로 온라인 거래와 화상회의·원격의료·온라인강의 등을 바탕으로 초연결사회가 가속화할 것이란 얘기다. 그러나 싱가포르 리센룽 총리의 말처럼 공포는 바이러스 자체보다 더 큰 해를 끼칠 수 있다는 말에 유의해 볼 필요가 있다.

하루속히 바이러스 치료약이 개발돼서 지구촌 시대에 인류에게 기쁜 소식이 있으면 좋겠다.

꿈과 희망과 용기를 잃지 말고 살자. 얼마나 오래 살 것인가보다는 얼마나 건강하게 오래 살 것인가가 중요하다. 건강을 잃으면 모든 것을 잃는다.

건강지수와 행복지수를 높이며 살자. 인생은 생로병사生老病死다. 아픈 장수는 축복이 아니다. 예방하고 아프지 않고 천수를 누리면 축복이다.

구재규 세계 걸작 사진 연구소장
– 기호일보 (2020.06.17.)

출근길 노인유치원 노란 버스

　이른 아침, 사람들로 북적이는 아파트 출근길 풍경은 뭔가 정겹고 기운을 솟게 한다.

　노란 유치원 버스가 와서 아이들을 싣고, 서로 손을 흔들고, 버스 뒤를 바라보는 할머니나 할아버지, 엄마들의 미소 짓는 얼굴을 보면 왠지 나도 모르게 웃음이 떠오르곤 한다. 그날 하루는 기분이 좋다.

　요즘에는 맞벌이 부부가 많아서인지 아빠들의 모습도 눈에 자주 보인다.

　얼마전이었다. 평소와 다름없이 같은 시간 대에 출근하기 위해 아파트를 나서는데 다소 생경(?)한 모습이 눈에 들어왔다. 노인유치원이란 글자가 새겨진 노란 버스가 서 있었다. 이야기는 많이 들었지만 직접 보기는 처음이었다.

노인요양보호, 주간보호센터로 가는 출근길이다. 백발이 성성한 노인들, 바로 노치원노인+유치원생이다. 노치원의 정식 명칭은 노인주간보호센터다. 은천노인복지회가 지난 1992년 10월 서울 동대문구에 문을 연 132㎡(40평) 규모의 '노인 주간보호소'가 노치원의 시초로 알려져 있다.

요양병원이나 종일 외부 시설에서 지내는 요양원과 달리 집에서 자고 아침, 저녁엔 가족과 함께 지낼 수 있는 게 장점이다. 낮 동안 또래 노인들과 각종 프로그램에 참여하며 유대감과 안정감을 얻는다.

2022년 말 5천여 곳으로 늘어났다. 반면 유치원 수는 급감해 어린이집·유치원에서 노인요양시설로 변경 운영하는 곳이 많다고 한다.

최근 들어 유모차보다 노부모의 휠체어를 끌고 다니는 비혼 자녀들이 부쩍 늘고 있다. '노부모 돌봄'자녀들이다. 전문가들은 사회적 돌봄 지원 서비스가 부족한 부분을 비혼 자녀가 채우고 있는 만큼 가족 내 돌봄자에 대한 정부의 정책적 지원방안을 모색해야 한다는 의견을 내놓고 있다.

다 알다시피 한국은 경제협력개발기구OECD 회원국 중 출산율이 압도적인 꼴찌다. 저출산 극복을 위해 정부는 지난 2006년부터

2022년까지 17년 간 무려 323조 원이라는 어마어마한 예산을 투자했다. 그러나 그 사이 출산율은 오히려 1.09에서 2022년 0.78까지 계속 떨어졌다. 국가소멸 위기라는 얘기가 나올 정도로 저출생 문제가 심각한 지경에 이르렀다.

옛말에 집안이 잘 될려면 첫째 애기 우는 소리, 둘째 다듬이질 하는 소리, 셋째 글 읽는 소리가 있어야 한다고 했다. 하지만 애기 우는 소리가 점점 사라지고 있는 곳이 요즘의 대한민국이다.

지난해 우리나라 평균수명은 남자 80.5세, 여자가 83.6세였다. 우리나라 현재 인구를 유지하기 위해서는 매년 41만~50만 명의 아기가 태어나야 한다고 한다. 아기는 태어나지 않고 노인인구만 급격히 늘어나는 역피라미드인구구조는 국가가 소멸할 수 있는 대재앙이 초래될 수 있다고 많은 전문가들은 지적하고 있다.

흔히 65세 이상 인구가 전체의 7%이면 고령화 사회, 14%이면 고령사회, 20%에 달하면 초고령사회라고 한다. 현재 우리나라는 초고령사회를 향해 달음박질하고 있다.

한국교육개발원에KEDI의 2024-2029년 전국 초중고교 학생수 추계자료에 따르면 오는 2026년 483만3천26명으로, 500만 명선이 붕괴될 것으로 전망됐다.

2003년 417만 명이던 전국 초등학생 수는 올해 258만3천 명, 2029년 170만 명대로 줄어들 것으로 예측됐다. 지난해 전교생이 60명도 안 되는 초등학교가 전국 6천175개 교 중 1천424개 교 23.1%로 집계됐다. 초중고교 가운데 입학생이 '0명'인 학교는 2천138개 교로 전체의 17.6%나 됐다.

대단히 심각한 상황이 아닐 수 없다.

얼마전 인천시는 태어나는 모든 아이에게 만 18세가 될 때까지 총 1억 원을 지원한다는, 획기적인 출산장려 정책을 발표했다. 이어 부영건설은 직원들에게 1억 씩 출산장려금을 지급하겠다고 했다. 그 동안에도 저출산 극복을 위한 정책이나 시책이 숱하게 발표, 시행됐지만 성과는 미미했다.

인천시와 부영의 파격적인 조치가 어떤 결실로 이어질지 관심 속에 지켜볼 일이다.

지방소멸 위기 탈출의 열쇠는 '출산'이다. 이는 정부나 지방자치단체의 노력 만으로는 한계가 있다. 국민들도 힘을 합쳐 아이와 부모와 사회 모두가 행복한 나라를 만드는 데 적극적으로 나서야 한다.

구재규 세계봉사단 단장·인천쇼츠사관학교교장

내 고장 인천사랑 애향심 운동

얼마 전 강화군에 역사 관광을 간 적이 있다.

강화유적지들을 두루 구경하는데 문화유산 해설을 하시는 여성 한 분이 있었다. 검게 탄 얼굴에 모자를 쓴 자그마한 분이 열심히 설명했는데 나중에 식사하고 난 뒤에 알고 보니 군수 부인이라고 했다. 강화군 직원 부인들이 모여 지역사랑을 위해 문화유산을 공부하고 애향심을 기르는 모임을 만들었다고 한다.

인천이라는 지명은 조선시대 인천군인 1413년부터 사용됐다. 내년이 600주년이 되는 셈이다. 이후 인천도호부-인천부 일제 강점기-인천시-인천직할시를 거쳐 오늘날의 인천광역시에 이르렀다.

19세기 인천항이 열리면서 전국 물동량이 인천을 통해 드나들었고 역사적으로 경인선 철도는 1899년, 수인선은 1937년에 개통됐다.

미국 노스캐롤라이나대학 존 카사다 교수는 18세기 항만, 19세기 철도, 20세기 고속도로, 21세기는 국제공항을 중심으로 새로운

내고향 인천사랑 애행심 인천사랑 지도자 아카데미 1기생

도시가 형성된다고 말한 바 있다.

  인천은 국제공항 개항 이후 현재 연간 4천만 명이 이용하고 있다. 인천은 공항과 항만, 경제자유구역 등 하늘과 바다, 땅이란 3박자를 고루 갖추고 있는 축복받은 도시다. 대한민국에서 가장 발전 가능성이 높은 미래도시로 주목받고 있다.

  인천시의회 홍보 책자에서 허회숙 시의원이 밝힌 자료에 따르면 인천시 인구 285만 명 중 인천 토박이는 10%에 불과하고 나머지는 이북도민 15%, 충청도 30%, 전라도 25%, 영남 10% 등 전국 각지 출신 주민들이 뒤섞여 사는 국내 최고의 다문화 도시다. 이 때문인지 인천시민은 애향심이 부족하다는 지적을 오래전부터 받아왔다.

하지만 제2의 고향도 분명 고향이다. 시민들 스스로가 고장에 대한 자부심, 애향심을 더욱 길러야 한다. '해불양수海不讓水', 바다는 어떠한 물이라도 사양하지 아니한다. 깨끗한 거리 만들기, 건강한 인천, 건강한 도시, 이웃화합 사랑실천운동과 불우이웃돕기, 공동체 의식을 갖고 살고 싶은 도시, 오고 싶은 도시로 만들어야 한다.

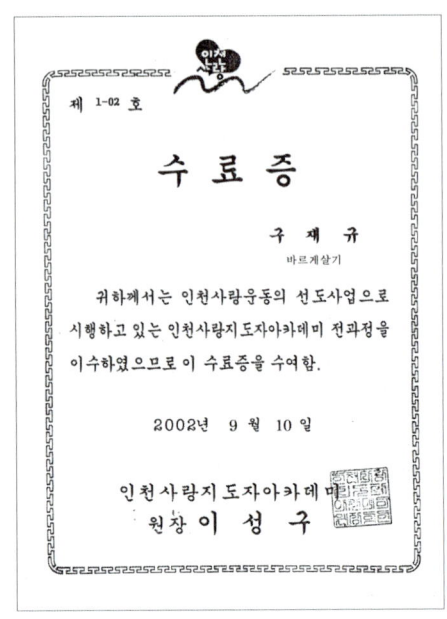

내고향 인천사랑 애행심 인천사랑 지도자 아카데미 수료증

인천을 사랑하고 지탱하는 힘은 바로 인천시민이 길러야 한다. 지역기업을 사랑하고 경쟁력 있는 향토기업을 키워 주어야 한다. 지역경제가 활성화돼야 일자리가 창출되고 이는 곧 훌륭한 인재의 배출로 이어진다.

이와 함께 축구, 야구, 농구, 씨름, 필드하키 등 다양한 스포츠 분야-시민들을 뭉치게 하는 데 큰 효과를 가지고 있는-의 선수들도 골고루 키워야 한다. 프로야구 열기에서도 볼 수 있듯이 인천은 단결심, 단합심이 매우 높은 도시다. 이러한 단합심을 잘 활용, 애향심을 드높여야 한다.

　또 인천에 관광하러 온 국내외 사람들에게 좋은 인상을 심어주고 인천 연고 기업체, 스포츠팀, 문화공연 등에 대한 애착을 통해 주인의식을 되살리고 이를 바탕으로 시민 모두가 이웃과 더불어 살아가는 이웃사랑을 실천하는 것도 필요하다.

　기업이 돈을 벌면 인천을 떠난다. 더 이상 이런 현상이 반복돼서는 안 된다. 철새가 날아와서 텃새가 되게 하자.

　국회의원 당선자들은 초당적으로 협력해 국가와 지역발전을 위해 헌신해야 한다.

　투표율 꼴찌, 저조한 적십자회비 모금실적, 전국 최하위권을 맴도는 교육수준 등등. 모두 애향심이 부족해 빚어진 결과에 다름 아니다.

　이제 벗어버리고 새로운 마음으로, 새로운 각오로 임하자. 애향심으로 똘똘 뭉쳐 난국을 헤쳐나가 꽃보다 아름다운 도시, 자랑스런 인천을 만들어 가자. '원래조선수목 顧來鳥先樹木', 새가 오기를 원하면 먼저 나무를 심어라. 나무를 심지 않고 허허벌판에서 새가 오기를 기다려선 안 된다. 좋은 숲을 만들어야 좋은 새가 날아온다.

구재규 세계사진관 대표
– 인천신문 (2012.06.12.)

녹색성장 도시 메카 인천

국내에서 인천만큼 지속 가능 잠재력이 풍부한 도시는 없다. 다른 지역에 비해 인구는 매년 늘어나고 지역 내 총생산GRDP도 팽창 일로에 있다. 다 알다시피 인천은 또 우리나라 산업화와 근대화를 이끈 중심 도시이기도 하다. 거기에 최근에는 '국제화' 이미지까지 더해지고 있다. 인천에는 현재 녹색기후기금GCF 등 15개의 국제기구가 있으며, 이는 앞으로 더 늘어날 추세다. 세계로 뻗은 관문 1류 공항과 항만이 있음은 주지의 사실이다.

이처럼 자랑스러운 인천을 세계 최일류 도시로 만들려면 인천 고유의 장점을 잘 살려야 한다. 특히 환경 분야에서 그렇게 해야 한다고 생각한다.

저어새는 천연기념물 205호로 세계적으로도 3000여 마리밖에 없는 멸종위기종이다. 그토록 귀한 저어새가 3월 중순부터 인천 남동산단 유수지 주변과 강화도 일원에 서식하는데, 갯벌 매립과

오염으로 인해 서식지를 위협받고 있는 실정이다. 인간과 만물은 공존해야 한다. 자연은 우리의 소중한 생명을 지켜준다.

2025년에는 세계 52개국 30억 명이 물 부족을 겪을 것이라고 OECD는 전망하고 있다. 치산치수治山治水를 통해 산림의 황폐화를 방지하고 홍수와 가뭄을 막는 일이 중요하다. 김재현 산림청장은 최근 한 칼럼에서 온실가스 감축해법이 산림에 있다고 밝힌 바 있다. 온실가스 배출이 계속되면 폭염이 여섯 배 이상 증가할 것이라고 한다. 온실가스를 줄이려면 대기 내 이산화탄소를 흡수해야 하는데, 그 대안으로 나무심기를 권한다. 나무가 자라면서 광합성을 통해 이산화탄소를 빨아들여 나무심기, 숲가꾸기에 투자를 늘리는 것이 온실가스를 줄이는 최고의 대안이라고 한다.

아름답고 깨끗한 바다를 가진 도시로 발전시키려면 국제단체와도 긴밀히 협력해야 한다. 또 환경 보전과 갯벌 복원에 드론 등을 적극적으로 활용하고, 환경단체 등과의 네트워크를 강화해 인천 성장의 동력으로 삼는 것이 바람직하다고 본다.

'워라밸'은 워크 앤드 라이프 밸런스Work and life balance의 줄임말이다. 일과 삶의 균형을 의미한다. 삶이 풍요롭고 가치 있게 되려면 자연과 사람이 공존하고 새들이 날아오는 생태공원, 둘레길과 숲 등을 늘려야 한다.

녹색성장 도시 인천의 핵심은 경제성장을 추구하되 환경오염을 최소화해 이를 다시 경제성장의 동력으로 활용해야 한다는 점이다. 300만 시민이 행복하고 안전한 도시로 자리매김하기 위해서는 무엇보다 자연보호와 환경보존 활동이 중요하다는 점을 강조하고 싶다.

구재규 세계사진스튜디오대표
– 인천일보 (2018.09.14.)

한류열풍 메카 인천에서

'한류韓流'는 1990년 후반 중국 언론매체에서 처음 쓰기 시작한 신조어다. 다른 문화가 매섭게 파고든다는 뜻의 '한류寒流'의 동음이의어인 한류가 통용되기 시작하면서 본격적으로 자리 잡았다.

한류는 중국, 홍콩, 대만, 일본, 베트남 등지의 젊은 청소년들을 중심으로 한국의 음악, 드라마, 영화, 패션, 게임, 음식, 헤어스타일 등 대중문화와 인기 연예인을 동경하고 배우려는 문화현상을 말한다.

한류 드라마는 국가 경제적 차원에서도 '황금알을 낳는 거위'로 평가된다. 최근에는 한국 드라마에 울고 웃고 한국 가요를 배우는 팬들이 아시아를 넘어 북미, 중남미, 유럽까지 퍼지고 있다.

얼마 전 박근혜 대통령이 수교 130주년 기념차 프랑스를 방문했을 때 박 대통령과 함께하는 파리 K-POP 유튜브 영상을 보았는데 입장 티켓이 3시간 만에 매진됐고, 1만여 관중들과 전 출연진이 아리랑을 합창하는 하이라이트 장면을 보면서 가슴 뭉클한 감동을 느꼈다.

 필자는 최근 북인천라이온스클럽 회원들과 함께 미국, 중국, 러시아, 일본, 베트남, 대만 라이온스 합동 행사 참석차 대만을 다녀왔다. 연회 석상에서 K-POP 싸이 노래에 맞춰 단체 군무를 추는 등 한국에 대한 관심과 애정을 표현했는데 반응이 뜨거웠다.
 요즘 공항 면세점에서 한류스타들 사진이 있는 선물을 사가지고 가면 인기 최고라고 한다.
 공항에서 고국으로 돌아가는 러시아 분이 쿠쿠밥솥, 신라면, 초코파이 등을 한 짐 사가지고 가는 것을 보았고 외국의 호텔에서 아침 식사 때 외국인들이 김치, 김 등을 더 많이 먹는 것을 보았다. 이것도 한류라고 생각한다.

 한류의 힘은 막강하다. 영화 1편 만들어 히트 치면 자동차 100만 대 수출하는 효과를 보며, 드라마 〈겨울 연가〉에 출연한 영화배우 1명이 100명의 대사보다 낫다고 칭찬하는 글이 일본 요미우리 신문에 실리기도 했다. 이 밖에도 수많은 사례가 있는데 한류는 한국 제품과 콘텐츠를 세계 문화와 경제의 중심에 서게 하는 촉매 역할을 톡톡히 하고 있다.
 또 한류의 힘은 문화를 넘어 산업적으로도 큰 반향을 일으키고 있다. 한류 팬들이 자연스럽게 한국 제품을 구입하고 있는 것이다.
 G마켓과 옥션이 지난해 해외수출 지원사업의 상품을 집계한 결

과 음악 CD는 23만 2,000개, 국내산 화장품은 무려 77만 5,000개나 판매됐다. 이러한 물결이 아시아를 넘어 유럽, 중동, 아프리카, 중·남미, 심지어 북한에까지 빠른 속도로 퍼지고 있다.

한류는 또 국내경제 및 관광 활성화에도 큰 기여를 하고 있다. 2015년 중국 관광객 430만 명이 우리나라를 찾아 7조 6,000억 원의 돈을 썼다는 사실은 이를 잘 보여주는 대목이다.

이 같은 사정은 인천도 마찬가지다. 얼마 전 중국 아오란그룹 직원들 수천 명이 월미도에서 단체로 치맥파티를 연 것이 대표적인 사례다. 이들은 앞으로 2년간 인천을 꾸준히 찾아올 예정이며 또 다른 기업들도 인천방문 계획을 잡고 있는 것으로 알려지고 있다. 고무적인 일이 아닐 수 없다.

인천은 세계 최고 수준의 공항과 항만시설을 보유하고 있다. 개항장과 강화 유적 등 볼거리도 풍부하다. 관광객들을 묶어둘 수 있는 훌륭한 환경을 갖추고 있다.

이를 토대로 인천에서 '한류 대박'을 터뜨렸으면 하는 바람이다. 인프라를 시급히 확충하고 인천 출신 스타들을 육성해 글로벌 스타로 키우자. '한류 바람'을 타고 더 많은 사람들이 인천을 찾아오게 하자.

구재규 인천라이온스클럽 회장
- 인천일보 (2016.06.23.)

아름다운 환경은 후세에 물려줘야 할 귀중한 자산

 노자가 쓴 『도덕경』에 '상선약수 上善若水'란 구절이 있다. 물처럼 사는 게 아름답다는 뜻이다. 기원전 4~5세기에 살았던 그리스 서정시인 핀다로스는 "물이 모든 것 중 최고"라 했다.

 영국 템즈강, 독일 라인강, 프랑스 세느강, 한국의 한강에는 한 가지 공통점이 있다. 대도시 한가운데를 흐르고 있다는 것이다. 네덜란드는 갯벌을 보존해 연간 어마어마한 관광 수입을 올린다고 한다. 관광객뿐만 아니라 유학생들, 관찰하러 오는 사람들의 발길이 연중 이어진다고 한다.

 사실 인간은 물을 떠나서는 살 수 없다. 인간의 모든 문화는 물과 관계가 있다. 물이 있는 곳에 사람이 모이고, 문화가 발달하고, 곳에 도시가 형성된다. 나일강과 갠지스강, 인더스강, 황하, 유프라테스와 티그리스강 등 인류 4대 문명의 발상지가 모두 강을 끼고 있다는 점이 이를 방증한다. 미국 뉴욕, 프랑스 파리, 영국 런던. 한국 서울 등 오늘날 대부분의 대도시들 가까이에도 물이 있다.

자연보호 환경사랑, 인천왕상해수욕장

사람의 몸 역시 물과 깊은 관계가 있다. 사람은 물로 이뤄져 있다. 우리 몸의 80%가 물이기에 물이 없으면 살 수 없다. 어떤 생명이든지 물을 원한다. 물과 생명은 불가분의 관계가 있는 것이다.

온난화와 환경오염 문제가 지구촌 최대의 걱정거리다.
옛날 물장구치며 놀던 물속은 다양한 생물들로 생명력이 넘치곤 했다. 붕어와 잉어, 버들피리, 은어 등을 잡던 아름다운 추억이 지금도 생생하다. 물 맑고 오염되지 않았던 우리나라 삼천 리 금수강산. 지금은 옛이야기가 돼 버렸다.
국제인구행동단체PAI는 세계 각국의 연간 1인당 가용한 재생성 가능 수자원량을 산정하고 이에 따라 전 세계 국가를 '물기근water-scarcity, 물부족water-stressed, 물풍요relative sufficiency' 국가로 분류해 발표하고 있다. 이 보고서에 의하면 한국은 1990년 연간 1인당 재생성 가능한 수량이 1천452㎥로 '물 부족 국가'로 분류됐고 2025년에는 '물기근 국가'로 전락할 것으로 전망됐다. 우리나라도 물부족, 수질오염 등 물 문제가 심각하다. 물 문제에 모두가 관심을 가져야 할 때이다.

우리나라는 비록 강수량은 많지만 인구밀도가 높아 연간 1인당 재생성 가능 수량이 국제기준에 미달돼 물부족 국가에 속한다. 문제는 지구의 3분의 2가 물이지만 실제 마실 수 있는 물은 0.01%도 안 된다는 것이다.

따라서 유엔은 매년 3월 22일을 '세계 물의 날'로 정하고 매년 물의 중요성을 환기시키고 있다. 우리나라도 녹색성장을 선포한 지 4년째를 맞아 '건강한 물, 녹색강국의 원천'이라는 주제로 다양한 행사를 벌여오고 있다.

인천의 바다 중에서도 가장 생명력이 뛰어난 소래포구와 연안부두, 화수부두, 만석부두 등지가 바로 우리들의 손에 의해 훼손되고 있다. 예전의 정겨웠던 모습은 간데없고 공해에 찌들어 희망을 잃어버린 모습뿐이다. 많은 해수욕장과 산들도 사정은 마찬가지다.

지난 20세기 선진국들의 경제개발이란 미명 하에 경쟁적으로 배출됐던 이산화탄소CO_2로 지구의 온도가 연평균 0.75c 상승했으며 특히 몽골은 무려 1.92c가 올라 지구 평균의 곱절을 넘었다.

최근 10여 년간 지구온난화와 건조한 날씨 등으로 몽골에서는 683개의 강과 760개의 호수와 샘, 그리고 1천484개의 개울이 사라졌고 몽골 전 국토의 47%가 이미 사막이 됐으며 40%에서 사막화가 진행되면서 우리 한국을 향하는 황사의 발생량과 빈도도 계속 늘어 가고 있는 현실이다.

환경보존은 너, 나의 문제가 아니다. 우리 모두가 관심을 갖고 해결에 나서야 할 최대의 현안이다. 자연을 회복하는 데 수많은 시간과 노력이 드는 만큼 더욱 그렇다.

구재규 세계걸작사진연구소장
– 인천신문 (2012.09.24.)

인천광역시 부평구 굴포천 생태환경 복원운동 미꾸라지 방류
주최: 세계봉사단   일시: 2024년 6월 1일

인간과 자연이 공존하는 삶

 어릴 때 시골 고향에서는 집 앞에 맑은 시냇물이 흘러 그 물을 그대로 마시기도 하고 빨래를 하기도 했다. 수업 시간 선생님께서 "외국에선 물을 돈 주고 사 먹는다"라고 하면 웃곤 했다. 요즘은 태풍, 홍수, 대형화재 등 자연재해가 잇따르고 자동차나 공장의 탄소 배출로 지구가 온난화돼 빙하는 녹고 북극곰은 사라지고 있다.

 히브리대 역사학 교수인 유발 하라리는 『사피엔스』란 책에서 교만한 인류의 만행을 지적한다. "세상이 호모 사피엔스의 필요에 맞게 변형되면서, 서식지는 파괴되고 종들은 멸종의 길을 걸었다. 과거 녹색과 푸른색이던 우리의 행성은 콘크리트와 플라스틱으로 만든 쇼핑센터가 되어 가는 중이다."

 인간의 절제 없는 소비생활로 생태계는 처절하리만치 망가져 가고 몸살을 앓고 있다. 저자는 우울한 탄식으로 책을 마무리한다. "우리는 스스로를 신으로 만들면서 아무에게도 책임을 느끼지 않는다."

스웨덴 출신 환경운동가 그레타 툰베리가 타임지 선정 2019년 올해의 인물로 선정됐다. 툰베리는 스웨덴 의회 앞에서 정부가 파리기후변화협약에 따라 온실가스 배출을 줄이라고 요구했다.

올해 지구촌은 역대급 기후재앙을 겪고 있다. 이미 3,000만 명 이상 감염자가 나온 코로나19까지 2020년 지구촌은 그야말로 역대급 재앙으로 몸살을 앓고 있다.

세계자연기금은 '2020 글로벌 리빙 인덱스' 보고서에서 1970~2016년 사이 전 세계에서 동물 개체군의 68%가 사라졌다고 밝혔다. 세계를 휩쓸고 있는 코로나19는 야생동물이 사라진 결과로 볼 수 있다고 강조했다.

인천에서도 생활폐기물 줄이기, 소각장 처리시설을 통한 매연 및 악취 차단, 하천 살리기를 통해 생태계를 복원이 급선무다. 승기천과 굴포천을 서울 청계천처럼 복원하면 좋겠다.

물길 따라 새들이 찾아오고 인간의 심신을 치유하며 추억에 남는 사진을 촬영하는 낭만을 되찾자. 자치군·구는 1회용품 줄이기와 분리수거 및 재활용률을 높이자. 학교, 회사, 종교단체는 환경교육을 강화해 지속 가능한 실천을 유도하자. 자연은 후손들에게 물려줄 소중한 재산이다. 아름다운 지구를 물려줘야 한다.

구재규 세계걸작사진연구소장
- 인천일보 (2020.10.08.)

행사 인사말은 짧을수록 좋다

요즘 한 해를 마무리하는 연말을 맞아 각종 행사가 벌어진다.

종교단체, 시민단체, 체육단체, 경영단체, 동문회 등 다양한 단체에서 벌이는 모임에 다녀 본 중에 내외·빈 소개에 이어 진행되는 격려사나 축사 가운데 제일 기억이 남는 것은 짧게 하는 것이다.

뷔페나 체육관, 예술회관, 구민회관, 여의도광장, 교회 등 다양한 장소에서 벌이는 행사 주최 측은 유명 인사를 무대에 올려 축사 등을 하게 한다.

그런데 내빈 소개에 이어 축사나 인사말을 하는 것이 일반적인 순서인데, 대부분의 인사들이 단상에서 너무 길게 이야기하는 바람에 단하에 있는 참석자들이 짜증 내기 일쑤다.

너무 시간이 많이 걸리고 비슷한 말을 반복하면서 축사가 늘어지면 듣는 사람은 지치고, 조는 등 주위에서 보기 민망할 정도다.

미국의 유명한 코미디언 보브 호프는 연기하기 전 미리 사람을 보내 청중의 취향을 파악하고 난 다음, 그 청중과 상황에 맞는 코미디물을 준비해서 청중으로부터 아낌없이 박수받았다는 일화로 유명하다.

가슴속에 남는 말을 하려고 무대에 서면 당초 생각했던 것보다 200%를 준비해야 100% 발휘할 수 있다.

여의도 광장에서 신현균 목사님은 40일 금식 기도하고 단상에 올라와서 설교했다는 이야기도 있다. 요즘 TV에 자주 나오는 장경동 목사님은 3가지 원칙을 가지고 준비한다고 한다. 내용 있다, 재밌다, 그리고 짧게다. 그래서 요즘 인기가 상한가다.

만찬장에서 단합을 강조하는 건배 제의도 마찬가지다. 짧으면서 품격 있어야 할 것이다. '인천광역시 발전을 선창 위하여 후창', 혹은 '내 사랑 선창 인천광역시 후창' 등은 어떤가.

송년회나 신년회에서 기관·단체장의 건배 제의가 '지화자 선창 좋다 후창'라면 어딘가 명품도시 인천에 품격이 맞지 않는 것이 아닌가. 아무쪼록 축사나 인사말 등 식전 행사의 말은 짧을수록 좋다.

구재규 세계사진관 대표
– 인천신문 (2007.12.10.)

잘 관리하면 보물단지, 명함

　명함은 서로서로 모르는 사람들이 비즈니스를 하기에 주고받는 것이다. 명함은 가로 90mm, 세로 50mm이다. 일본 사람들은 퇴직해서 명함을 못 내밀면 자기를 나타내지 못한 것 같아 마음이 아프다고 한다.
　우리가 명함을 주고받는 것은 자기를 기억해 달라고 하는 것이므로 나는 그 사람을 기억하기 위해 그날의 모임과 그 사람의 인상 착의 등을 적어놓는다.

　내가 받아본 명함 중에 보건복지부 장관의 명함이 있는데 점자로 되어 있었다. 맹인들을 배려한 마음이 담겼음을 알 수 있어 좋았다. 정치인들은 명함에 주로 자기 얼굴 넣고 경력도 써놓는다.
　언젠가 경제인들과 중국 산동성에 가보았는데 시장, 구청장, 사업가 등 한국인들이 온다고 한국어 명함을 내놓았다. 그러나 우리는 그렇지 못했다.

대만 갈 때 통역하는 산동성 대학에 다니는 조선족 학생한테 명함을 중국어로 번역하여 사용해 보니 요즘 말로 인기가 짱인 것을 알 수 있었다.

대만의 국제 라이온스 자매클럽에 가보면 명함에 자기 사진이 많이 담겨 있다. 세계 화상대회 때 중국 상인들이 금 18k로 된 명함을 돌리면서 과시용으로 자기를 알리는 데 주력했다.

인천 경제자유구역 청장님은 명함을 국제용으로 만들었는데 다른 한국 다른 관리들은 한글 명함을 주기 일쑤다. 외국인들이 한글 공부라도 많이 하고 왔겠느냐고 할 생각이 들 정도다.

명함 한 장에도 철저히 준비를 하고 고객에게 도움 되도록 만들어야겠다.

글로벌 시대에 외국 가려면 영어는 기본이긴 하지만 세계 공통어라든지 중국은 중국어, 일본은 일본어로, 러시아는 러시아어로, 아랍어는 아랍어로, 베트남에는 베트남어 등 그 나라의 언어로 명함을 만들어 가면 유익하지 않을까 생각해 본다.

구재규 세계사진관 대표
- 인천신문 (2007.05.03.)

박수가 있는 곳에 기쁨이 있다

어느 국회의원이 외국을 다녀 보니까 선진국에는 박수가 많고 후진국에는 박수가 적더란다. KBS 노래자랑에 박수를 유도하는 사람은 재미있게 하기 위해서 있다.

얼마 전 김명환 해병대 사령관이 연합행사에 해병대 박수 세 번 치고 품위 있게 행사를 주도하는 모습이 멋있었다. 인천상륙작전 기념 마라톤대회 때에는 질서요원이 "결승점이 1km 정도 남았는데 박수 치면서 힘내세요"라고 말해 좋았다.

클럽회장 취임식, 동창회장, 표창장 수여식, 고객만족대상, 방송대상, 영화대종상, 각종 시상식 등 기쁨이 가득 찬 곳에는 박수가 넘친다.

운동 경기를 관람할 때나 응원할 때, 각종 기념식장에서 사람들은 누구나 흔히 박수를 친다. 박수를 치는 동작은 겉으로 보기에는 매우 평범한 동작 같지만, 그 안에는 건강의 비결이 숨어 있다.

의학적으로 손바닥에는 8만 5천 개 경혈이 자리하고 있는데, 30초 안에 손뼉을 30회 치면 30분 운동을 하는 효과가 있다고 한다.

박수에 웃음까지 더해진다면 그야말로 금상첨화이다. 조영춘 교수는 박수는 혈액순환에 탁월한 효과가 있을 뿐만 아니라 신진대사까지도 촉진 시킨다고 주장한다.

손을 많이 움직이는 사람들이 무병장수한다는 실질적인 통계자료도 있다. 미국에서 조사한 바에 의하면 건강하게 오래 산 사람 중 1위가 지휘자이고, 2위가 피아니스트였다. 두 직업의 공통점은 손을 많이 사용한다는 점이다.

'박수'는 손뼉 칠 박拍, 손 수手로 이루어진 말이다. 기쁘거나 축하·격려 할 때, 두 손뼉을 친다. 박수갈채는 많은 사람들이 일제히 손뼉을 치면서 환영하거나 칭찬하는 일이다.

행복은 돈이나 명예 권력에 있는 것이 아니라 친절과 미소 속에 있다. 따뜻한 위로와 격려의 악수를 아끼지 말자. 좋은 일에 박수와 찬사를 아끼지 말자. 좋은 일로 박수 치면 행복지수가 높아진다.

성공했을 때 칭찬을 주며 박수를 쳐 주는 것은 얼마나 즐거운가. 박수를 받는 사람과 치는 사람 모두 복 받는 일이다.

구재규 세계사진관 대표
- 인천신문 (2008.11.19.)

세계는 넓고
찍을 곳은 많다

Part II
언론 속의 구재규

신문기사 모음

경기신문

사랑과 희망의 바이러스 전파자, 세계봉사단

지난해 말 출범 이후 다양한 봉사활동 전개
구재규 단장… 열정과 노력,
성실한 실천으로 봉사단 이끌어

▲ 지난해 11월 열린 세계봉사단 창립총회 및 송년의 밤 행사.
맨 앞줄 오른쪽에서 세 번째가 구재규 단장.

구재규66 세계봉사단 단장은 늘 바쁘게 산다. 본업인 사진관 운영 외에 봉사단 모임과 행사를 치러야 하고, 조찬모임 등 지역의 각종 자리에도 가급적 빠지지 않고 참석한다. 독실한 크리스천으로 교회 관련 일에도 열성이다.

구 단장이 세계봉사단을 만들어 이끌기 시작한 것은 아주 우연한 계기에서였다. "2015년 11월 무렵이었는데, 50대쯤으로 보이는 여성분이 제가 운영하는 사진관에 찾아왔어요." 마침 김장봉사와 관련해 통화를 하고 있던 구 단장 앞에 이 여성이 느닷없이 돈 봉투를 내밀었다.

미처 물어볼 사이도 없이, 당혹스러워하고 있던 구 단장에게 "좋은 일에 써 달라"는 말만 남긴 채 여성은 사라졌다. 봉투 안에는 20만 원의 돈이 들어 있었다. 이후 여성은 매년 그맘때쯤이면 어김없이 찾아왔다.

10여 년 전부터 봉사에 관심을 갖고 개인적으로 또는 몇몇 지인들과 함께 봉사활동을 벌여오던 구 단장은 몇 년간 이어져 온 이 여성과의 인연을 계기로 보다 조직적이고 체계적인 봉사에 나서기로 결심했다.

"이분이 서양화가 박성은 씨라는 사실을 나중에야 알게 됐죠. 고마운 마음을 지금도 소중히 간직하고 있습니다."

▲ 국내 거주 외국인들과 함께한 2019 세밑어울림 송년행사 장면.
　주한 캄보디아 대사관

▲ 세밑 어울림 송년행사에서 인천 외국인노동자 지원센터에 쌀을 전달했다.
　롱디멍세 주한캄보디아 대사와 부아공딩 베트남대사관 일등서기관,
　시마눌랑 인도네시아 대사관 노무관 등의 외교사절도 참석했다.

그래서 탄생한 것이 지금의 세계봉사단이다. 지난해 11월 공식 출범하고 본격적인 활동을 시작했다. 구 단장의 뜻에 의기투합한 50여 명이 참여했다. 변호사와 세무사, 노무사, 경영지도사 등 전문직에서부터 대학교수, 은행지점장, 병원 원무부장, 자동차대리점 사장, 경호회사 사장, 권투체육관 관장, 다양한 업종의 자영업자들에 이르기까지 직업군도 다채롭다.

이들은 매월 둘째 주 수요일 점심식사를 하며 정례모임을 갖는다. 그간의 활동을 평가하고 앞으로의 계획을 세우고 점검한다. 구 단장은 체계적이고 일사불란하게 움직이면서 봉사의 효율성을 높이기 위해 단원들을 봉사·홍보·기획행사·재정·회원조직관리·대외협력 등 6개 팀으로 나눴다.

누구 하나 맡은 바 일에 소홀함이 없다. 정해진 모임이나 봉사 현장에 빠지지 않는다. 출범한 지 10개월이 지났지만 불협화음 한번 난 적이 없다. 누구보다 뜨거운 열정과 노력, 성실한 실천으로 봉사단을 이끌고 있는 구 단장의 리더십 덕분이라는 게 단원들의 말이다.

봉사를 위해 펴는 이들의 손길이 닿는 곳은 무척 넓다. 아동과 청소년, 노인, 장애인, 다문화가정 노동자와 여성, 국가유공자, 해외 입국 사회적 소수자, 저소득 주민 등 다양하다. 쌀 등 생활에 필요한 물품과 후원금을 지원하기도 하고 직접 초청해 식사도 제공한다.

▲ 구재규 단장(왼쪽)이 부평구청소년쉼터 한울타리를 찾아 쌀을 전달하고 있다.

아동·청소년 보호시설인 신명보육원과 요양원, 계양구 노숙자쉼터, 인천 가출청소년쉼터 한울타리, 외국인 노동자 송년행사장, 삼산사회복지관, 부평역 광장… 세계봉사단원들의 따뜻한 숨결이 배어 있는 곳들이다.

요즘은 코로나19로 특히 힘겨워하는 이웃들을 돕는 일에도 발 벗고 나서고 있다. 마스크와 쌀, 미역 등을 전달하는가 하면 많지는 않지만 쉼터 등 시설 수리비를 지원해 주고 있다.

봉사단은 앞으로 낯선 남한사회 적응에 어려움을 겪고 있는 탈북자 가정에도 도움의 손길을 나눌 예정이다. 이와 함께 한국전쟁 때 받은 도움에 조금이나마 보답한다는 취지에서 동남아시아지역 참전국을 찾아 우물을 파 주고 학생들의 고사리손에 학용품도 건네주고픈 마음이다. 계획은 오래전에 세웠지만 코로나19에 발목이 잡힌 상태. 상황이 좋아지면 꼭 실천한다는 방침이다.

▲ 쌀을 전달한 뒤 다문화가정 식구, 봉사단 관계자들이 함께 기념촬영을 하고 있다.

경상도가 고향인 구 단장이 인천과 인연을 맺은 지도 40년이 넘었다. 부부의 연을 맺고 자식들 키워 결혼시키고, 무엇보다 '봉사'라는 새로운 삶에 눈뜨게 해준 인천은 이제 고향이나 다름없다.

구 단장은 군대를 제대할 무렵인 1977년, 조선일보에 실린 채용광고를 보고 시험을 치러 당시 동구에 있던 한국판유리에 입사했다. 하지만 회사를 다니면서도 어릴 때부터 관심을 갖고 있던 사진에 대한 미련을 버리지 못했다.

　1980년대 초, 그때만 해도 큰마음을 먹어야 했던 카메라를 어렵사리 마련한 구 단장은 대한서림에서 책을 구입해 혼자 사진공부를 하면서 여기저기 다니며 셔터를 눌렀다. 입사한 지 몇 년 만에 회사생활을 정리한 뒤 중앙대학교에 등록, 1년 동안 본격적으로 사진수업을 받았다.

　이후 개인적으로 사진작업을 해오다 부평에 개인 사진관 문을 연 것이 1998년. 이후 지금까지 20여 년째 사진작가의 길을 걸어오고 있다. 그동안 무료로 영정사진이나 결혼식 사진을 찍어 준 사람들은 일일이 손으로 헤아릴 수 없을 정도로 많다.

　지난 20여 년간 봉사활동 공로로 인천시장, 인천시의회 의장, 인천상공회의소 회장 등으로부터 받은 상과 사진 부문에서 수상한 KBS 사장상, 동아일보사 상은 그의 성실하고 열정적인 삶에 따라온 자연스러운 결과다.

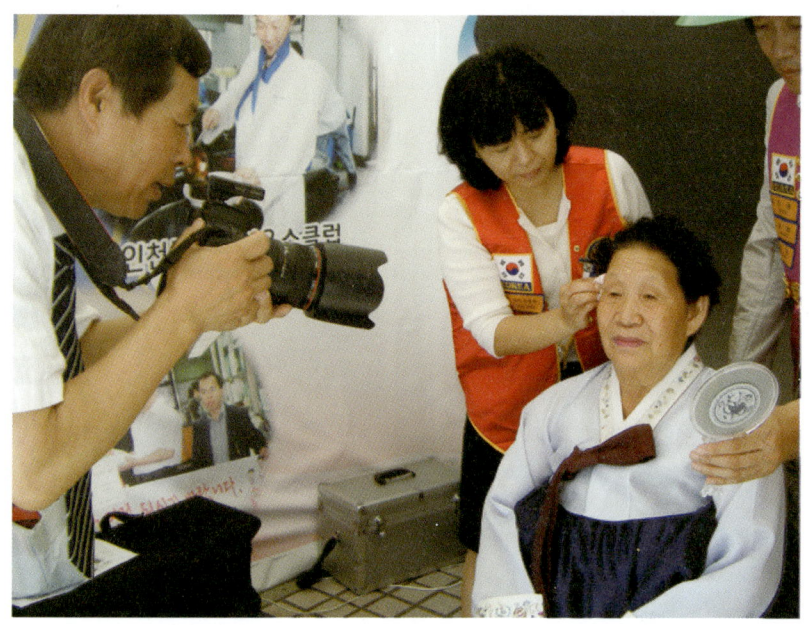
▲ 구재규 단장이 영정사진 촬영 봉사활동을 하고 있다.

　앞으로 남은 인생 구 단장의 키워드Key Word는 '사진·운동·환경·봉사'다. 건강해야 봉사도 할 수 있다는 생각에 틈이 나면 산에 오른다. 등산은 기도와 함께 힘들고 어려울 때마다 지탱해 주고 힘을 주는 버팀목이다. 또 환경문제에도 최근 많은 관심을 쏟으면서 관련 행사 참석은 물론 작은 것부터 스스로 실천하려 애쓰고 있다.

　구 단장은 어렸을 때부터 선친이 입버릇처럼 들려주었던 '일취·일예·일기趣·藝·技'라는 말을 한평생 가슴에 꼭꼭 담아 왔다. 덕분에 큰 탈 없이 지금 여기까지 와 이웃과 사회를 위해 봉사하는 감사한 삶을 살고 있다는 생각이다.

"웃음 박사보다 밥 사는 사람이 높고, 밥 사는 사람보다 봉사가 높다는 말이 있어요. '가슴에 사랑을, 손길에 나눔을'이라는 우리 봉사단의 슬로건처럼 따뜻하고 변치 않는 마음으로 힘이 닿는 한 주변의 어려운 사람들과 지역사회를 위한 봉사활동을 계속해 나갈 계획입니다."

그의 봉사예찬은 끝이 없다. 구재규 단장 그리고 세계봉사단원들이 다양한 봉사활동을 펼치며 인천지역 곳곳에 퍼트리는 희망과 사랑의 바이러스가 어디까지 전파될지 관심이 모아지고 있다.

▲ 삼산사회복지관에서 열린 사할린 할머니 삼계탕 대접 행사에서 구재규 단장이 인사말을 하고 있다.

[글 = **이인수** 기자, 사진 = 세계봉사단 제공] 2020.10.07.

인천일보

평범한 사람들 '소확행'을 찾다

"세계봉사단 이웃사랑 활발"

변호사·직장인·주부 등 70여 명 구성
사할린 동포 어르신들에 삼계탕 대접
가출청소년 쉼터에 쌀·마스크 기부도

▲ 구재규(앞줄 왼쪽부터) 세계봉사단장이 성태봉 청소년쉼터 한울타리 소장에게 사랑의 쌀을 전달하고 있다. /사진제공=세계봉사단

"거짓 사랑은 혀끝에서 나오고 참사랑은 손끝에서 나온다."

미국 복음주의 운동의 선구자 드와이트 라이먼 무디의 이 말처럼 이웃사랑을 묵묵히 실천으로 보여주는 사람들이 있다.

세계봉사단 단장 구재규이 주인공. 이 단체는 지난 2015년 '가슴에 사랑을 손길에 나눔을'이란 슬로건을 내걸고 활동을 시작해 지난해 11월 정식 창립했다.

인천시 부평구 부평1동에서 세계걸작사진연구소와 세계사진관을 운영 중인 구 단장을 비롯해 변호사, 노무사 등 전문가와 지역사회에서 평범하게 살아가는 자영업자, 직장인, 주부, 학생 등 70여 명이 회원으로 참여하고 있다.

자신보다 더 어려운 이웃에게 도움의 손길을 내밀고 소외된 이들에게 용기를 북돋워 주는 일이 단원들의 소소한 행복이다. 매달 한자리에 모여 명시名詩를 낭독하며 정신을 살찌우는 모임도 갖는다. 지역경제 활성화와 건강한 가정 만들기 운동도 솔선하고 있다. 북한이탈주민과 어려운 나라 돕기 운동도 계획 중이다.

세계봉사단은 지난 23일 가출청소년 쉼터인 부평구 한울타리 소장 성태봉에서 후원품 전달행사를 갖고 회원들이 십시일반 후원금으로 마련한 쌀 500㎏을 전달했다. 이날 행사엔 인천수협 부개동지점 지점장 박종욱이 미역 100상자를, ㈜그랜드중앙건설 대표 김태수이 코로나19 극복 마스크 500장을 각각 내놓으며 동참했다. ㈜기준건설 대표 김규철은 한울타리의 낡은 사무실 환경 정비에 필요한 비용 200만 원을 대주기로 약속했다.

앞서 이달 중순엔 초복을 맞아 삼산종합사회복지관에서 사할린 동포 어르신 80명을 초대해 삼계탕 점심식사를 대접하며 효도잔치를 베풀었다.
지난 5월엔 홀몸어르신들에게 저렴한 식사를 제공 중인 한 식당에도 쌀을 기탁했다.
올 1월엔 차준택 부평구청장을 접견해 어려운 이웃에게 전해달라며 사랑의 쌀 1000㎏ 300만 원 상당을 맡겼다.
지난해엔 인천외국인노동자 송년행사에 쌀과 닭고기를 선물했다. 계양구 노숙자쉼터와 부평역 앞 사랑의 빨간 밥차에도 쌀을 선사했다.

구재규 세계봉사단장은 "코로나 장기화로 고통받는 지역사회 곳곳의 소외이웃에 대한 사랑의 마음을 행동으로 옮기고 싶을 뿐"이라며 "세상을 아름답게 만드는 봉사자가 되자는 것이 회원들이 한결같은 각오"라고 말했다.

정회진 기자 hijung@incheonilbo.com 2020.07.28.

인천일보

제17회 인천경기 환경대상 후보 - 개인부문

특강·사진전·블로그 환경교육 앞장 - 구재규

구재규 씨는 지난 1999년 환경보전협회에서 진행하는 환경교육을 이수한 뒤 인천 순복음교회 환경경제위원회 기획팀장으로 일하며 지역 주민들에게 환경 특강 교육을 진행하고 있다.

특히 지난 2010년에는 환경사진전시회를 진행해 지역 주민들에게 환경에 대한 소중함을 알리기 위해 노력했다.

인천순복음교회에서 환경경제 기획팀장으로 3년 동안 활동하면서 환경과 관련된 동영상을 제작·상영해 지역주민들에게 환경보호를 강조하고 인천지역 곳곳에서

자연보호 활동을 진행하고 있다.

이와 더불어 문학산, 청량산, 관모산, 승기천 등에서 자연보호 활동을 진행하고 등산객들을 상대로 다양한 환경운동을 진행했다.

최근에는 블로그 등을 운영하며 환경사랑과 관련한 사진과 글을 올려 환경보호의 필요성을 전해 최근에는 네이버 파워블로그에도 선정되기도 했다.

김상우 기자 http://www.incheonilbo.com 2012.11.15.

조은뉴스

사진과 함께한 나눔봉사

[조은뉴스=장영록 기자] 인천광역시 부평구 부평1동 부평구청 옆 모아저축은행 맞은편에는 오래된 사진관이 하나 있다. '세계사진관'이란 간판이 참 친근하게 다가온다. 세계사진관은 부평1동에서 자못 유명세가 자자하다고 한다.

"이곳에서 사진을 안 찍어 본 사람은 유명인이 아니다"라는 말이 돌 정도라고. 세계사진관의 유명세는 당연히 구재규 대표에 기인한다. 다큐멘터리 사진작가로 활동할 만큼 뛰어난 그의 실력과 사람 좋은 모습은 이곳에서 만날 수 있는 매력이다.

구 대표는 1989년 KBS상 수상을 비롯해 지금까지 동아일보, 대구매일신문사, 부산매일신문사, 국민일보사 사장상 등 언론사가 주최한 각종 사진작품전에서 입상한 경력을 갖고 있다.

구 대표에겐 요상하지만 기분 좋은 징크스가 하나 있다. 그에게서 사진을 찍으면 성공한다는 공식이 바로 그것이다. 4차원적인 이야기 같지만 실제로 그가 촬영한 행사마다 줄줄이 대박행진을 기록했다. 특히, 남동구 여성합창단은 전국합창경연대회에서 대통령상을 수상했고, 인천 효명건설이 후원하는 여자 핸드볼 팀은 전국대회에서 우승을 차지했다. 또 전국 씨름대회 우승, 사법고시 합격, 세계여자복싱 챔피언 등 사진관에 세리머니 사인을 남긴다. 아무나 사인을 남기겠다고 하지만 절대 안 된다.

구 대표는 사진을 통한 지역 봉사활동에도 열심이다. 지역사회와 함께하고자 부평1동 사무소 독거노인과 고향 어른 영정사진 촬영을 비롯해 2009년 8월 18일에는 강원도 영월군 정선 700m 산속 마을에 가서 4개 마을 노인들의 경로잔치에 참여하고 무료로 영정사진, 가족사진, 부부사진을 촬영하였다.

그날 비가 270mm 오기도 했지만 새벽 5시에 출발하여 1박을 하고 다음 날 새벽 5시에 돌아올 정도로 바쁜 일정을 소화하기도 한다.

또한 어려움을 겪는 대우자동차 실업자 희망센터 취업용 사진 무료 촬영 등으로 지역사회를 위한 관심을 보이기도 하였다. 또한, 부평고를 비롯해 부평여고, 북인천정보고 등 지역 내 학교 사진전을 후원, 자라나는 아이들과 함께하는 사진관이 되고자 애쓰기도 한다. 2009년 인천상공회의소 아카데미 등 3개 교육과정을 수료하고 경제단체 강의를 준비 중인 그는 20년간 전국 사진촬영을 다니면서 본 것을 자주 신문에 기고하고 있다.

인터넷 선교에도 관심을 가지고 희망바이러스 문서선교로 전 세계 5천 명에게 이메일로 소식을 알리기도 한다. 수신자는 명함을 주고받으며 친분을 갖게 된 소중한 인연들이다. 국적도 다양해서 한국은 물론 미국, 러시아, 사할린, 남미, 아프리카, 중국, 대만 등 여러 나라에 메일이 전해진다.

최근 구 대표는 한국기독실업인회 인천지회 회원들과 3박4일 일정으로 러시아 사할린을 방문하고 돌아왔다.

사할린은 면적 76,400km로 경상도와 전북을 합친 크기로 전체 60만 인구 중 최대 소수민족인 한인 1세와 후손들이 43,000명 거주하고 있으며 러시아와 일본의 대립 속에 일제시대 강제징용으로 인해 이주된 한인들의 슬픈 역사를 안고 있다.

대부분 경상도가 고향인 분들이 많으며 영구귀국을 원하는 한인들에 한해 안산 영구임대아파트에 거주시키고 있으며 울산 라이온스클럽에서는 1년에 한 번 전세기편으로 한국관광을 돕는 등 그들의 애환과 눈물을 이해하고 함께 나누는 지역경제인들이 적지 않으며 보이지 않는 곳에서 구재규 대표는 그들과 늘 함께하길 원했고 끝없는 나눔 봉사를 실천하고 있다.

슬하에 1남 2녀를 둔 그는 부인은 초등학교 교사이고 큰딸은 중학교 영어선생, 둘째 딸은 교직원 임용고시에 합격 고등학교 교사,

막내아들은 대학교에 재학 중인 교육자 집안이다.

구 대표는 "향후 사진 전문인 제자를 키우는 게 꿈"이라면서 "지역의 예비 사진작가들을 육성하는 한편 창업 강좌 등을 통해 지역 발전에 이바지 하고 싶다"고 말했다.

내일신문

행복을 찍어 드립니다

세계사진관은 부평구 부평1동 새마을금고 옆에 자리한 오래된 사진관이다.

세계사진관의 주인 구재규 사진작가는 자신의 돌아온 길을 '일취 이예'의 대표적 사례라고 평한다. 즉 취미로 시작한 사진촬영 활동이 사진콘테스트 3회 당선, 전국촬영대회 3회 당선 및 입상 및 해외활동 경험 등에 힘을 얻어 직업 예술세계로 들어섰기 때문이다.

결국 취미가 직업이 되었고 그 후부터는 최고의 프로작가가 되기 위해 노력하는 삶에 감사하고 있다. 세계사진관에서는 지금까지 동네주민 약 2만 8천여 명을 사진촬영 했다.

구 작가는 "이곳에서 사진을 안 찍혀본 사람은 유명인이 아니다"라고 자신 있게 말한다. 사실 사진관을 그동안 이용했던 사람들 역시 기분 좋게 멋있는 사진을 찍어주기 때문에 가게나 사업이 대박 터지는 집이 되어 성공한다고 덕담이 오가는 분위기.

그 말을 증명이라도 하듯 구 대표가 찍은 사람들 중에는 남동구 여성합창단의 전국합창대회 대통령상 수상, 인천 효명건설이 후원하는 여자 핸드볼 팀 전국대회 우승사진 등 수없이 많은 수상경력을 자랑한다.

구 작가는 사진을 담기 위한 노력과 함께 촬영을 통한 지역 봉사 활동도 빼놓지 않는다.

부평1동에 거주하는 독거노인과 고향 어르신 영정사진 구 대우차 실업자 희망센터 취업용 사진 등을 무료로 찍어왔다.

또 해마다 열리는 부평풍물축제 때면 부평고를 비롯해 부평여고, 시청 인터넷 웹사진반 학생들에게 필름을 무료로 제공하고 사진 공모전 지원 및 북인천정보고 등 지역 내 학교 사진전 후원 등을 통해 아이들과 함께하는 사진관이 되고자 애쓰고 있다.

구 대표는 사진을 잘 찍으려면 무엇을 보았는가, 느꼈는가, 그리고 무엇을 전달할 것인가를 먼저 그려보라고 전한다. 앞으로 그는 사진학원을 설립해 창업 강좌 및 지역의 예비 작가들과 함께 하고 싶다고 포부를 밝혔다.

내일 신문 **김정미** 리포터

인천시 청소년 인터넷 잡지 'MOO'

구재규 사진작가

　요즘같이 시끄럽고 복잡한 세상 속에서도 따뜻한 마음씨를 간직하고 계시는 구재규 사진작가를 만나 보았다.

1 처음에 사진을 어떻게 시작하게 되셨나요?
　옛말에 일취일예一趣一藝라는 말이 있습니다. 이 말은 사람은 정서적으로 한 가지 취미와 한 가지 예술을 가져야 한다는 말이지요. 저도 처음에 서점을 다니며 사진 관련 책도 보고 사진 강좌도 들으면서 사진을 취미로 시작했습니다.

**2 지역신문을 보다가 작가님 관련 기사를 보게 되었는데요.
좋은 일을 많이 하시는 걸로 알고 있습니다.
어떤 좋은 일들을 하셨는지요?**
　우선 부평1동에 사시는 어려운 노인 분들에게 영정사진을 찍어 지난 추석에 선물로 드렸고, 대우자동차에서 일하다가 실직한 분들께는 무료로 취업용 사진을 찍어드렸습니다. 그리고 청소년들을 위해서 부평고, 부평여고, 북인천여상 등 여러 학교 축제

때마다 후원을 해주고 있습니다.

3 위에서 말씀하신 일들을 처음에는 어떻게 시작하셨는지요?

사진관을 하면서 지역사회와 청소년들에게 조금이나마 도움이 될 수 있는 일은 무엇일까 하고 생각하다가 매일 생각만 하기보다는 작은 일이라도 행동으로 옮겨야겠다고 생각이 들어서 시작하게 되었습니다.

4 지금까지 사진을 찍으시면서 보람을 느끼셨던 때가 있다면?

무료로 취업사진을 찍어드렸는데 취업이 되었다는 소식이나 대학 입학사진을 찍어주었는데 대학입학 소식이 들려왔을 때 가장 보람을 느꼈습니다.

5 사진 찍기를 좋아하고 사진을 좋아하는 청소년들에게 한마디 하신다면?

악어와 사자가 싸움을 하면 누가 이길 것이라고 생각하나요? 물론 땅에서는 사자가 이기겠지만 물에서는 악어에게 사자는 상대도 되질 않을 겁니다. 이처럼 사람들도 자기가 자신이 있는 분야가 있을 것입니다. 각자의 자신 있는 분야만 파고든다면 그 분야에서 최고가 될 수 있을 것입니다.

구재규 작가님께서는 마지막으로 4심 신앙심, 애국심, 효심, 열심만 가지고 있다면 좋은 결과가 있을 것이라고 말씀해 주셨다.

인천광역시 인터넷 기사 **이무준** 기자

Part III
구재규의 단상과 정경

언론 화보

언론 화보

인천일보 2021년 1월 28일 목요일 017면

세계봉사단, 공동모금회에 쌀 기탁

인천사회복지공동모금회(회장 심재선)는 세계봉사단(단장 구재규)으로부터 백미 1020kg을 전달받았다고 27일 밝혔다.

세계봉사단은 '가슴에 사랑을 손길에 나눔을 봉사에 사랑을 싣고'를 슬로건으로 봉사활동을 펼치고 있다. 지난해 7월 쉼터 청소년을 위한 백미를 기부한 데 이어 이번에는 인천 하나센터에 탈북민을 위한 백미를 지원했다.

구재규 세계봉사단 단장은 "어려운 시기에도 봉사단원들의 따뜻한 마음을 다시 느낄 수 있었다. 탈북민들의 삶의 질 향상을 위해 노력하겠다"고 말했다.

/김신영 기자 happy1812@incheonilbo.com

인천일보

세계봉사단, 사랑의 쌀 전달

세계봉사단(단장 구재규)은 8일 인천 부평구청을 방문해 설 명절을 앞둔 어려운 이웃들에게 전달해 달라며 사랑의 쌀 1000kg을 차준택 부평구청장에게 기탁했다.

이번 사랑의 밝은 봉사단 회원과 직계 주민 45명이 후원해 마련됐으며 금액으로 환산하면 약 300만 원 상당에 해당한다.

▲ 인천일보, INCHEONILBO, 인천 경기

인천일보 2022년 1월 7일 금요일 012면

인천 세계봉사단, 결핵협에 성금

대한결핵협회 인천시지부(회장 김실·가운데)는 지난 5일 지부 회의실에서 세계봉사단(단장 구재규·왼쪽 세 번째)으로부터 크리스마스 실 성금을 전달받았다.

크리스마스 실 판매로 마련된 성금은 결핵 검진, 결핵환자 보호시설 지원, 결핵 인식 개선, 학생 결핵환자 지원 등에 두루 쓰인다.

/이은경 기자 lotto@incheonilbo.com

연합기독뉴스 The United Christian News
일시:2019년7월21일(일)

세계봉사단, 사할린 할머니 초청 삼계탕 행사

변호사, 세무사 등 전문 직업인으로 구성된 세계봉사단(단장 구재규)은 지난 12일 초복을 맞이하여 부평 삼산종합사회복지관 2층에서 사할린 할머니 나눔을 초청 삼계탕을 대접하는 효도잔치를 가졌다. 이날 효도잔치에는 특수용 진 인천광역시의회 의장을 비롯해 삼산종합사회복지관 관장과 직원 등 80여명이 참석한 가운데 라중암그랜드건설의 삼계탕 후원으로 진행된 가운데 여러 업체들이 후원물품을 제공했다.

이 자리에서 구재규 단장은 인사말을 통해 "일제 강점기에 사할린으로 끌려가 혹독한 시련과 굴욕 이후에도 오랫동안 일본과 러시아, 남북에 모두로부터 철저하게 버림받고 꿈과 70년간 국적이 7차례나 바뀌는 설움을 겪은 어르신을 위로한다"며 "오늘 삼계탕 드시고 여성을 건강히 사시길 바란다"고 말했다.

/나흥은 기자

언론 화보

인천일보

부평구 9개 보훈단체 초청 새해 식사 대접_세계봉사단 선행

세계봉사단(단장 구재규)은 9일 낮 인천시 부평구 한 음식점에서 부평구 관내 9개 보훈단체 임원 80여 명을 초청해 향심식사를 대접하고 떡국박스(5kg들이) 선물을 전달하여 위로했다.

참석자들은 식사와 차를 나누면서 덕담을 주고받는 등 화합된 새해를 열었다.

부평구 9개 보훈단체총회장 박승희는 최근 5차에 걸쳐 보훈단체 회원들을 위한 위안잔치를 배풀어온 세계봉사단에 사의를 표하고 구재규 세계봉사단장에게 감사패를 증정했다.

구재규 세계봉사단장은 "나라를 위해 헌신한 보훈단체 회원과 가족은 국가의 영웅"이라며 "이분들에 영웅과 보람을 언제라도 대지고자한 보람이 크다면 더나나뿐 없겠다"고 말했다.

/이민주 기자 coco01@incheonilbo.com

경안일보

인천 자영업자들 도서관 채우고 탄자니아 아이들은 꿈을 채운다

'세계봉사단' 회원 50여명 성금
'엔키가예 뉴비전스쿨'에 책 기증

아프리카 탄자니아 오지 마을의 아이들을 위해 세월간 도서관에 인천 자영업자들이 책을 선물했다.

인천의 자영업자 400백으로 구성된 '세계봉사단'은 최근 탄자니아 '엔키가예 뉴비전스쿨' 도서관에 도서 330여권을 기증했다.

인천·경기지역 과학 교사 모임인 '신과학사랑교사모임'과 합작 활동을 펼쳐 지난해 12월 탄자니아 엔키가예 뉴비전스쿨에 도서관을 세웠다. 마사이 부족이 거주하는 엔키가예 마을에 도서관을 선물하고자 '세계봉사단'이 한국에서 모임 다양한 '세계봉사단'의 관심 도서와 아프리카 여학생들의 관심 도서 166권씩 수집해 탄자니아로 보냈다.

엔키가예 뉴비전스쿨은 구재규 세계봉사단장이 330여권을 구입해 도서관에 비치했다.

세계봉사단은 2019년 송년회 이후 책 기증 운영하게 못했다.

세계봉사단은 이 같은 편지 소식을 전한 경안일보 기사가 떨어진 한 달 도움 정해 보시 지난해 12월 단자니아 어니어의 부족 책 보내기 운동 우수상을 인 공 도움 활동을 시작했다. 회원 30여명이 참여해 성금 166만원을 모았다. 엔키가예 뉴비전스쿨은 이를 전하받아 위한 330여권을 구매해 도서관에 비치했다.

세계봉사단은 다양한 봉사활동을 펼치고 있다.

세계봉사단 구재규 단장은 "코로나19로 힘든 시기를 보낸 오지 아이들이 결과된 탄자니아 아이들을 돕기 위해 심상면 돈을 모아 기증할 수 있게 됐다" "탄자니아 아이들이 도서관에 책을 읽고, 꿈을 키워 나갈수 있는 총은기"고 말했다.

/류주경기자 kyj888iv@kyeongin.com

세계봉사단, 주한 캄보디아 대사관에 마스크 1만장 전달

세계봉사단이 지난 3일 주한 캄보디아 서울 대사관에 마스크 K94 1만장을 후원했다.

이번 후원은 주한캄보디아 서울 대사관에서 세계봉사단에 마스크 5천장을 요청하는 협조문을 보오연서 세계봉사단 회원 56명이 마스크 K94 1만장(400만원)을 후원하게 된 것이다.

주한캄보디아 서울 대사관측 관계자는 "민간외교 사절단이 이토록 마음으로 참석을 했고 품질 좋은 마스크이고 본국에 보내졌다"며 "세계봉사단 회원이 캄보디아 방문시 본국에 연락하여 환영하겠다"고 밝혔다. 세계봉사단은 한국적인 선물을 전달했으며, 구재규 세계봉사단 단장이 대한민국 기념뱃지를 전달했다.

인천일보

외국인 노동자 어울림 송년행사

'2019년 세밀 어울림 송년행사'가 지난 1일 인천시 남동구 만수동 건설기술교육원 국제회의실에서 한국노총 인천지역본부와 인천경영자총협회 주최, 인천외국인노동자지원센터 주관으로 열렸다.

인천지역 현장에서 일하는 16개 외국인 근로자 300여명이 다채로운 어울림 행사에 참여했다. 주한캄보디아 롱디명세 대사, 주한베트남 부이꽁딤 일등서기관, 주한 인도네시아 로신나 시마눌랑 노무관, 이종광 인천경총 상임부회장, 구재규 세계봉사단장 등이 내빈으로 참석했다.

/이창석 기자 chuk@incheonilbo.com

언론 화보

인천일보
2019년 05월 15일 수요일 013면 사람들

市 세계봉사단, 천원의 행복 전하는 '배식천사'로

기운차림 식당서 쌀 기부도

인천 세계봉사단은 부평시장에서 천원 식당으로 운영되는 '기운차림 식당'에서 봉사 활동을 했다고 14일 밝혔다.
회원 50여명이 활동하는 봉사단은 지난 9일 기운차림 식당을 찾아 쌀을 전달하고 배식 봉사에 나섰다. 기운차림이 운영하는 천원식당은 매주 월요일부터 금요일까지 선착순 100명에게 1000원만 받고 점심을 제공한다.
구재규 세계 봉사단장은 "가정의 달을 맞아 효도하는 마음으로 봉사했다"며 "지역사회를 따뜻하게 하는 나눔 실천을 이어가겠다"고 말했다.

/이순만 기자 smlee@incheonilbo.com

언론 화보

인천일보
2015년 06월 23일 화요일
013면 사람들

구재규 북인천 라이온스 신임회장 취임

국제라이온스 354F(인천)지구 북인천 라이온스는 지난 20일 계양구 효성동의 한 식당에서 회장 이취임식을 열었다.

구재규 39대 신임회장은 취임사를 통해 "취약계층 연탄나르기, 홀몸노인 어려운 가정 난방비 지원 등 소외된 이웃을 찾아 봉사 활동을 펼쳐왔다"며 "'가슴에 사랑을 손길에 나눔을'이라는 슬로건을 지키며 인천 최고의 명문클럽으로 만들겠다"고 말했다.

/정희진 기자 hijung@incheonilbo.com

인천일보
2015년 08월 05일 수요일
013면 사람들

북인천라이온스클럽, 무공수훈자회에 식사 대접
"한반도 평화 헌신 국가유공자 공로 감사"

북인천라이온스클럽(회장 구재규)은 지난 7월31일 대한민국무공수훈자회 부평구지부 자문위원 및 유족회원들에게 식사대접 봉사활동을 했다.

이들은 한반도 평화에 힘쓴 국가유공자들에게 감사의 마음을 전달하고자 식사를 준비했다.

구재규 회장은 "올해 광복 70주년, 6·25전쟁 65주년을 맞이해 따뜻한 나눔을 실천하게 됐다"고 말했다.

/곽안나 기자 lucete237@incheonilbo.com

경인일보
2015년 08월 17일 월요일
011면 사람들

북인천라이온스 외국인근로자 행사

북인천 라이온스클럽(회장·구재규)은 지난 15일 제5회 외국인 초청 체육문화교류 축제를 열었다. 인천 남동산단 근린구장에서 열린 이번 축제에는 캄보디아, 미얀마, 베트남 등 각국의 외국인 근로자 260명이 참석, 축구·미니올림픽 등 체육대회를 가졌다.

이날 행사에는 최명호 국제라이온스 인천지구 총재와 문병호·박남춘 국회의원, 장석현 남동구청장 등 내빈이 함께 했다.

북인천 라이온스클럽은 외국인 초청 체육문화 교류 축제를 5년째 진행하고 있다.

/윤설아기자 say@kyeongin.com

기호일보
2015년 12월 22일 화요일
015면 사람

북인천 라이온스클럽 등 장애인 시설서 김장 봉사

북인천 라이온스클럽은 인고사랑봉사단과 함께 최근 인천시 부평구에 위치한 장애인복지시설 예림원을 방문해 김장 봉사활동 등을 벌였다고 21일 밝혔다.

연말연시를 맞아 우리 사회의 소외된 계층에게 작은 도움의 손길을 내밀기 위해 마련된 이날 행사에는 중고생 자녀를 둔 어머니와 학생, 클럽 회원 등 41명이 참여했다.

구재규 클럽 회장은 "남을 위해 일할 수 있는 것은 행복이고, 자기가 태어나기 전보다 세상을 조금이라도 살기 좋은 곳으로 만드는 것은 진정한 성공이라고 말했던 현인들의 생각에 공감할 수 있는 소중한 시간이 됐다"고 전했다.

김종국 기자 kjk@kihoilbo.co.kr

한덕수 국무총리와 구재규 박사

반기문 UN사무총장과 구재규 박사

성 김 미국대사님과 구재규 박사

황교안 국무총리와 구재규 박사

이낙연 국무총리와 구재규 박사

정운찬 국무총리와 구재규 박사

유정복 인천시장님과 구재규 회장

안상수 인천광역시장님과 구재규 회장

인천광역시 박남춘 시장님과 구재규 회장

부록

간증
내 삶의 힘이 되는 명언

간증

위대하고 강하신 주님 간증합니다.

먼저 70년 동안 지켜주신 하나님께 감사하고 가족에게 감사 드립니다. 가족은 나의 힘입니다.

주님께서 어릴때 인천을 가라고 했습니다.
저는 영문을 몰랐습니다.
아무 친척도 없는 곳에

인터넷이 없던 시절 1977년 조선일보 신문을 보고 있는데 한국유리 인천공장 직원 공개채용모집을 한다고 그래서 시험을 치르고 신체검사를 받고 2등으로 입사했습니다. 우리나라 10대 기업입니다.

국내 10대 그룹 변화				
순위	1964년	1985년	2004년	2011년
1	삼성	삼성	삼성	삼성
2	삼호	현대	현대차	현대차
3	삼양	럭키금성	LG	SK
4	개풍	대우	SK	LG
5	동아	선경	롯데	롯데
6	락희	쌍용	KT	포스코
7	대한	한국화약	포스코	현대중
8	동양	한진	한진	GS
9	화신	효성	GS	한진
10	한국유리	대림	한화	한화

※ 총자산 기준. 자료=공정거래위원회

회사에 다니면서 재형저축도 들고 해서 그때
총각때 1979년도에 인천시 주공아파트를 구입 했습니다.

그리고 결혼 문제로 오산리금식기도원에서 기도하고 왔는데 주
님께서 응답해 주셨습니다. 인천교육대학교 나온 선생님을 만나게
해주셨습니다.
좋으신 주님이 기도한대로 응답하셨습니다.

그리고 어느날 주님께 기도하다가 잠이 들었는데 꿈속에서 주님
을 만나는 신비한 체험을 했습니다. 그 때는 전도를 많이 했습니다.

1980년 결혼 후
그때는 정부 방침이 둘만 낳자고 계몽운동을 했습니다.
기도 후 주님께서 우리 가정을 축복하셔서 딸 둘에
아들까지 선물로 주셨습니다. 주님께 영광돌립니다.

대기업 다니면서 카메라를 집안 가보처럼 귀하게 여기던 시절
1982년 외국에서 귀국한 집안 친척을 통해 카메라를 구입하고 동
인천 대한서림에서 책을 구입하여 하루1시간 일취일예일기 日趣日藝
日技 한가지 취미, 한가지 예술, 한가지 기술로 사진촬영을 시작했습니다. 사
진 공모전 콘테스트에 출품, KBS사장상, 동아일보상, 세계아동의
해 10주년기념 촬영대회에 입상하여 1989년 해외여행을 다녀왔
습니다. 주님께 영광돌립니다.

1997년 회사가 2세경영을 하는 이유로 명예 퇴직하기로 결심을

했습니다.

　명퇴조건이 60개월 퇴직금을 누진제로 받고 퇴직을 했습니다.
　참으로 감사한 일은
　그리고 1997년 말 IMF가 오고
　인천 회사도 통폐합하고 직원은 모두 지방으로 내려갔습니다.

　오산리 금식 기도원에 가서 또 금식을 했습니다.
　주님께서 좋은 길로 인도해 주시라고.

　저는 사진전문가 사진스튜디오를 차리려고 결심을 했습니다. 인천시 시민회관 부근 경기은행 옆에 1.2.3층 계약을 했습니다.
　그런데 주님께서 갑자기 나타나서 가지 말고 부평구로 가라고 했습니다. 무조건 아브라함처럼 순종 했습니다.

　지금 생각하면 주님이 인도하신 길 순종이 참 축복입니다.
　그 자리는 장사도 안되고 지하상가 점포도 장사가 안되고 점포가 많이 없어졌습니다.

　주님께 음성을 듣고 순종하니 인천광역시 부평구는 전국 100대 상권이고 사업장이 바로 인천지하철 1호선과 7호선이 있는 부평구청역 더블역세권이라 교통이 좋습니다.
　그리고 삼성 래미안 아파트를 분양 받았습니다. 아들하고 저희 아내하고 같이 분양을 신청했는데 저희 아내가 당첨 됐습니다.

저희 사업장 사진관하고 한 10분 거리 정도 되고 조경도 좋고 아주 만족하고 있습니다.

아들은 2019년 결혼식을 서울 신도림 라마다호텔에서 했는데 많은 분들의 축복 속에 황우여 교육부총리께서 주례도 해주시고 성공적으로 잘 치렀습니다. 모두 하나님 작품 기적입니다.

평생학습, 평생건강, 평생직업 100세 시대에 연세대학교 경영대학원 최고위과정을 서울 신촌 연세대학교까지 가서 교육을 받고 한번도 빠짐없이 수업에 임했고, 최우등상을 수상했습니다.

매달 신문 칼럼도 기고했습니다.
세계봉사단 단장으로 봉사단을 이끌며 민족에 희망을 주는 단체가 되고자 했습니다.
미국 훼이스대학교 인문학 명예 박사학위를 받으러 2022년 6월 미국을 방문했습니다. 아주 코로나가 심할 적에 저는 인천공항 국제공항에서 코로나 검사를 받고, 미국에서 코로나 검사를 받고 했습니다. 그런데 같이 미국 간 일본 학장은 밥 한 숟가락 먹고 마스크 닫고, 커피 한 잔 마시고 마스크 닫고 했는데 그분만 코로나에 걸려서 내가 대신 졸업식장 외국 총장이 앉아 있는 단상에 올라가게 되었습니다.

참으로 감사합니다. 박사 가운을 입고 한 300명 내빈 졸업생들이 참석했는데 맨 마지막에 나를 불러서 미국식으로 한 발 나가서 좌로 보고 흔들고, 우로 보고 손을 흔들고 했습니다. 동양식으로 또 좌우로 나가서 고개를 숙여 인사를 했습니다. 박수를 많이 받았습니다.

단상에 앉아서 인천 성시화, 국민화합, 민족복음화, 복음통일, 세계선교를 해야되겠다고 마음가짐으로 결심도 해보았습니다.

하나님께 영광돌립니다.

간증

세계봉사단 탄생 동기

2015년-2016년국제 라이온스 회장을 맡아 달라는 제의가 왔습니다.

다른 회원들은 무슨 직책으로 맞기든 수락 하겠다고 했습니다.

라이온스윤리강령

1. 자기 직업에 긍지를 가지고 근면 성실하여 힘써 사회에 봉사한다.
2. 부정한 이득을 배제하고 정당한 방법으로 성공을 기도한다.
3. 남을 해하지 아니하고 자기 직무에 충실히 임한다.
4. 남을 의심하기 전에 먼저 자기를 반성한다.
5. 우의를 돈독하게 하며 이를 이용하지 아니한다.
6. 선량한 시민으로서 자기 의무를 다하며 국가민족사회의 향상을 위하여 노력한다.
7. 불행한 사람을 위로하고 약한 사람을 도와준다.
8. 남을 비판하는데 조심하고 칭찬하는데 인색하지 아니하며, 모든 문제를 건설적인 방향으로 추진한다.

국제라이온스 354 F 인천지구는 총재 세 명을 배출한 39년 된 클럽입니다.

박영총재, 김기배총재, 최병갑총재

저는 당장 수락하지 않습니다. 생각을 해보겠습니다.

1달간 기회를 달라고 했습니다.

다른 회장님들과 많은 대화를 나누어 보았습니다.

라이온스의 모토는 "We Serve(우리는 봉사한다)"입니다.

1954년 공식 모토로 채택된 이래, 회원 개개인의 이익에만 치중하지 않고 누구에게나 공평한 봉사활동을 펼칠 것을 주장한 멜빈 존스의 의지와 맞물려 라이온스의 철학을 대표하게 되었고, 모든 라이온들이 자발적이고 헌신적인 봉사활동을 계속할 수 있는 지침이 되어왔습니다.

내가 명문 클럽을 만들겠다는 마음으로 수락을 했습니다.

회원이 20명밖에 안 됐고 25명을 데려갔습니다.

신입회원을 영입했습니다.

슬로건은 '가슴에 사랑을 손길은 나눔을' 이었습니다.

클럽 39주년 행사 때 로얄호텔에서 220명 모였고

음악공연팀 초청 대만라이온스 자매클럽 통역

대만국립대학교 나온 박복선교수님이 통역하게 했고 성공적으로 잘했습니다.

대만에서 오신 라이온스 자매클럽 귀국때 회장으로 선물도 사서 인천국제공항까지 가서 잘 배웅했습니다.

2015년 8월 15일

인천광역시 외국인 근로자 6개국 나라 근로자들과 체육대회를 했는데 남동구 상공회의소앞 인더스파크 공원에서 260명이 참석했습니다.

물품찬조 4.5Ton 트럭2대로 06시부터 행사장으로 운반했고 자전거, 선풍기, 전자제품, 스포츠용품 1.000만원 후원이 들어왔어요. 밸리댄스팀도 왔어요.

행운상도 주고 선물도 주니 외국인 근로자들이 아주 좋아했어요.

안전한 체육대회 행사를 위해 119구급차를 운동장에 대기 시켜놓고 사고없이 행사를 잘 치루었습니다. TV방송국에서 취재도 나왔습니다.

인천시 부평구 6.25 참전용사 80명을
모시고 식사대접을 하고 선물을 전달했습니다.
CJ방송국 김현대 사장님이 회사 사회공헌활동 팀이 있다고
같이 하자고 했습니다.
떡도 해가지고오시고 TV 뉴스방송도
해주셨습니다. 감사드립니다.

인천지구 라이온스 최명호 총재상금 100만원 받아서 인천 부평구 십정동 달동네 연탄은행과 협력하여 50가정을 선정하여 추운 겨울 따뜻하게 연탄을 가정마다 전달하며 독거어르신들을 위로했습니다.
어르신들이 추운 겨울 따뜻하게 지내시길 바랬습니다.
NIB방송국 취재기자 아나운서를 보내주셔서 참여학생 학부모를 취재하게 하여 인천 뉴스에 나오게 하여서 좋았어요.

기적을 많이 체험하고 방송국을 찾아가서 감사 인사도 했고 송년회때 국제라이온스 회장 명의로 상패도 드렸습니다.

인천광역시 부평구 예림원 중점장애인 학교에는 자녀 결혼식 후 화환대신 쌀을 기증했고 김장봉사도 주관 했습니다.

국제라이온스 354F 인천지구 77개클럽

9개항목 1위 최우수봉사상 2016년

장소:인천광역시 종합예술회관

#국제라이온스클럽 지구연차대회

국제라이온스 클럽 354F 인천지구 인천 제34차 지구연차대회

- 2016년 5월3일 (화) 오후1시
- 인천시광역시 종합문예회관

  국제라이온스 클럽 354F 인천지구 77개 클럽중 총회원 2200명
- ♥북인천 라이온스 클럽 ♥ 회장 구재규 최우수 봉사클럽 금상 수상 ♥

- 국제라이온스 클럽 354F 인천지구 공천 심사 위원회

77개 클럽 종합점수 산정표

1. 클럽확장
2. 회원증강
3. 클럽합동 주년행사
4. 행사참여도
5. 봉사실적
6. 봉사금
7. 제의무금 납부실적
8. 월말보고서 제출사항

#아름다운섬김 공동체

종합점수 종합부문 수상자 아름다운섬김 공동체
북인천 라이온스 클럽 구재규 회장 수상자로 선정됨

#세계봉사단 탄생 동기
김장봉사 활동을 하는데 박성은 서양화가가 세계사진관 손님으로
오셔서 봉사활동을 하라고 금일봉을 주고 가셨어요.

#얼굴 있는 천사
1년 딱한번 11월말이나 12월초 얼굴 있는 천사가
흰봉투에 20만원 담아서 주고 가셨어요.
커피 한 잔, 밥 한 그릇 대접도 안 받고 9년째 입니다.

#인천일보 이인수 편집국장님
봉사단 이름도 없냐고
세계봉사단 이름을 지어주셔서
세계봉사단이 탄생하게 되었어요.

#슬로건:가슴에 사랑을 손길에 나눔을

#세계봉사단 10대 역점사업

1. 아동 청소년

2. 노인 장애인

3. 다문화 노동자 여성

4. 국가보훈단체 예우

5. 지역 사회 역량 강화

6. 사회 저소득층

7. 의료 MOU 체결

8. 북한이탈주민 탈북자 돕기

9. 해외 활동

10. 환경 사랑 운동

세계봉사단은 국내, 해외 봉사활동을 하고 있습니다.

내 삶에
힘이 되는 명언

[사진 | 봉사 | 힘이 되는 | 독서 | 돈에 대한 명언]

사진명언

"사진을 찍을 때 한쪽 눈을 감는 것은
마음의 눈을 뜨기 위해서다."
-프랑스의 전설적인 사진가 **앙리 카르티에 브레송**-

"당신을 웃거나 울거나
가슴아프게 한다면 제대로 된 사진입니다."
-1989년 플리처상 수상자 **에드워드 T 에덤스**-

"좋은 사진은 마음으로 찍어야 한다."
-세계적인 사진작가 **브레송**-

"사진가들은 역사가 전개되는 최전방에서
사진을 통해 중요한 멧세지 전달하는 사람들이다."
-미국 포토 저널리스트 **티브맥커리**-

"나의 작품은 전시회나 또는 작품집 발간등으로 만족하지 못한다.
나의 작품은 감상하는 제3자가 마음의 움직임을 보일 때
비로소 만족감을 느낀다."
-세계적인 명작을 남긴 다큐멘트리 사진 작가 **유진 스미스**-

"현대 모든 상형 언어 중에서
가장 완벽한 언어는 사진이라고 극찬했다."
-**파이닝거**-

"좋은 사진이란 사실을 전하고,
마음에 와 닿으며, 보는 것으로 사람을 변화시키는 것이다."
-**어빙 펜**-

봉사명언

"나이가 들면 손이 두 개 있다는 것을 깨닫게 됩니다.
한 손은 자신을 돕는 손이고
다른 한 손은 다른 사람을 돕는 손입니다."

-세계적인 영화배우 오드리헵번-

"당신이 할 수 없는 것은 내가 할 수 있고,
내가 할 수 없는 것은 당신이 할 수 있다.
그래서 우리는 큰 일을 함께 해낼 수 있다"고 강조했다.
내가 아닌 우리와 함께 한다면
보다 나은 위대한 내일을 만들 수 있다.

-테레사 수녀-

"봉사 얼마나 많이 주느냐 보다
많은 사랑을 담느냐가 중요 하다"

-테레사 수녀-

네손이 선을 베풀힘이 있거든 마땅히 받을자에게
베풀기를 아끼지 말며

-잠언3:27-

"자선은 주는 자와 받는 자를 축복하는 것이니
미덕 중에 최고의 미덕이다."

-윌리엄 셰익스피어-

"남을 도울 때 가장 덕을 보는 것은 자기 자신이고,
최고의 행복을 얻는 것도 자기 자신이다."

-달라이 라마-

최고의 명언은 잉거솔이 말한
"돕는 손이 기도하는 입보다 더 성스럽다."는 말이 아닐까.
백마디 말보다 한번의 행동이 훨씬 더 중요하다는 것이다.

힘이 되는 명언

여호와께서 사무엘에게 이르시되 그의 용모와
키를 보지 말라 내가 이미 그를 버렸노라
내가 보는 것은 사람과 같지 아니하니 사람은 외모를 보거니와
나 여호와는 중심을 보느니라 하시더라
-사무엘상16:7-

한 사람의 올바른 신념은 수많은 사람의 행동을 변화시킨다.
-폴 메스 켄지-

귀는 친구를 만들고 입은 적을 만든다.
-탈무드-

나만의 장점을 살려서 성공하고 존경받는 사람이 되라.
-오프라 윈프리-

지도자의 성공이란 나이가 들수록
가족과 주변사람들이 점점 많아지는 것
-짐 콜린스-

삶을 그린 덕의 기술에서 최상의 행복은 자기로 인해
다른 사람이 행복을 느끼는 것이라고 했습니다.
-벤자민 프랭클린-

내가 받은 축복은 동족의 삶을 밝히는데 얼마나 풍족하게
사용했느냐에 따라 역사의 평가가 달라질 것이라고 평했다
-로버트 케네디-

비판은 나무에 오는 비와 같아서 뿌리가 파괴할 정도가
아니라면 더 튼튼하게 해준다.
-미국 정치인 프랭크 클라크-

힘이 되는 명언

세상은 당신이 무엇을 알고 있는지 관심이 없다.
오로지 당신의 아는 것으로 무엇을 할 수 있는가가 중요하다.
-미국 교육 전문가 **토니 와그너**-

한 아이를 잘 키우기 위해서는 마을 사람 모두가 중요하다.
-**아프리카 속담**-

빨리 가려면 혼자 가고 멀리 가려면 함께 가라
-**아프리카 속담**-

평화를 원하거든 전쟁을 대비하라
-로마 전쟁 영웅 **비제티우스**-

행운의 여신은 용감한 사람의 편이다.
-미국 대통령 공화당 후보 **존 맥케인 가문 가훈**-

내 생애 최고의 날은 내가 나의 사명감을 찾는 그날이다.
-철학자 **칼 힐티**-

정치란 백성의 눈물을 닦아주는 것
-**네루**-

당신이 입에서 나오는 말의 무게를 저울에 달아보라
-**키게로**-

기다린 사람에게 좋은 일이 생기지만
찾아나서는 사람끼리 더 좋은 일이 생긴다.
-동방견문록 쓴 **마르코 폴로**-

남이 가지 않는 길을 택해 너의 발자욱을 남겨라
-에머슨-

지도자는 다른 사람들의 주파수를
맞출 수 있는 사람이 진정한 위대한 지도자
-다니엘 쿨만 감성의 리더십에서-

결혼 이세상에서 가장 아름다운 예술
-괴테-

좋은 아내와 건강은 최고의 자산이다.
-영국 속담-

임금이든 농부든 자기 가정에서
사랑과 평화를 발견하는 자가 가장 행복한 인간이다.
-괴테-

현재는 노하우(know-how)시대가 아니다.
노후(know-Who)시대. 기술만으로 경쟁력을
갖기 힘들고 사람과의 관계가 아주 중요하다.
-피터 드러거-

가장 빛나는 기쁨은 가정의 웃음이요 그다음의 기쁨은 어린이를 보는
부모의 즐거움인데 이 두 가지 기쁨은 가장 성스러운 즐거움입니다.
-페스탈로치-

크게 생각하라 원대한 꿈을 가지고
도전을 두려워하지 않는 것은 열성적인 인간이 성공한다.
-델 컴퓨터 마이크 델 회장-

힘이 되는 명언

내 비장의 무기는 아직 내 손안에 있다. 그것은 희망이다
-나폴레옹-

21세기는 전문인의시대
-교육학자 **콕스**-

한 분의 아버지가 100명의 스승보다 낫다.
-**조지 허버트**-

21세기 국력의 원천은 국가의 경쟁력 기업의 경쟁력이다.
-노벨 수상자 **로보트 포겔** -

신념을 가지고 새로운 부 일자리를 창출하는 기업이야 말로
이 시대의 진정한 영웅이다.
-미국의 **레이건** 대통령-

진정으로 행복해지는 사람은
남은 순기능 방법을 발견한 사람이다.
-**슈바이처**-

녹슬어 없어지는 것보다 차라리 닳아서 없어지는 편이 낫다.
-18세기 미국 감리교 복음 **전 조지 화이트 필터**-

좋은 음식은 나의 건강을 지켜주는 명의 (名醫)이다.
-조선시대 명의 **허준** 선생-

힘이 되는 명언

우정은 나무와 같아서 뿌린 만큼 자란다
-중동속담-

성공의 삶의 가장 큰 비밀은 목표를 정해 성취하는 것이다.
-헨리 포드-

고객10-10-10법칙
고객 한명을 데리고 오는데 10 달러 비용 들고
고객 1명을 잃어버린데 10초 걸린다.
고객 1명을 다시 데리고 오는데 10년이 걸린다.
-안정원 농업 기반 공사 사장-

오늘은 운동화를 파는 것이 아니라 승리를 판다
-나이키-

앞으로 마케팅은 영혼을 울릴 수 있는 것이라야
살아남을 수 있다.
-마케팅 대가 **필립 코틀러** -

가지고 있는 것을 소중히 여기라 이것이 성공이다.
-그룬트미 목사-

술이 들어가면 비밀은 밖으로 나온다
-탈무드-

사람은 죽어서 이름을 남기고 호랑이는 죽어서 가죽을 남긴다.
자신이 남길 것이 무엇인지 고민해야 한다.

인간은 자연과 멀어질수록 질병과 가까워진다
-괴테-

국가가 당신을 위해 무엇을 해줄 수 있는지를 묻지 말고
자신이 국가를 위해 할 수 있는 것이 무엇인지를 물어보십시오.
-존 F 케네디 대통령-

지혜는 듣는 데서 오고 후회는 말하는 데서 온다
-영국 속담-

손님을 환영하는 집은 망하지 않는다
-수단 속담-

신문은 지구촌 시대의 거울이다
-한국 구재규-

성공은 최선을 다하는 자에게 주어지는 선물이다
-한국 구재규-

자기 분야 고수 되면 어디로 가든 꽃길입니다
-한국 구재규-

호랑이는 가죽을 남기고 사진작가는 작품을 남긴다
-한국 구재규-

오른손으로 자식을 때릴 때는 왼손으로 자식을 껴안아라
-나이지리아 속담-

독서명언

오늘의 나를 있게 한 것은 우리 마을의 도서관이었다.
-빌 게이츠-

가장 싼값으로 가장 오랫동안 즐거움을
누릴 수 있는 것 바로 책이다.
-몽테뉴 철학자-

아침 독서 10분이 기적을 만든다.
-하야시 히로시-

사람은 책을 만들고 책은 사람을 만든다.
-한국 교보문고 설립자 신용호-

"좋은 책을 읽는다는 것은
과거의 가장 훌륭한 사람들과 대화하는 것이다."
-데카르트-

책은 위대한 천재가 인류에게 남긴 유산이다.
-영국 수필가 에디슨-

좋은 책을 처음 읽을 때는 새 벗을 얻는 것 같고,
전에 정독한 책을 다시 읽을 때는 옛 친구를 만나는 것과 같다.
-스미드-

책 읽는 민족은 번영하고, 책 읽는 국민은 발전한다.
-한국 철학자 안병욱-

돈에 대한 명언

돈버는 것이 예술이고 일하는 것이 예술이며
좋은 사업이 최고의 예술이다.
-앤디워홀 아티스트-

돈 빌리지도 말라 빌린 사람은 기가 죽고 빌려준 사람도 자칫하면
그본전은 물론 친구까지도 잃게 된다.
-셰익스피어-

남의 돈에는 날카로운 이빨이 돋아 있다.
-러시아속담-

돈은 사람을 기쁘게도 하고 사람을 슬프게도 할 수 있다.
-Woody Allen-

창고가 차야 예절을 알고, 의식이 족해야 영욕을 안다.
-관중-

두툼한 지갑이 무조건 좋다고 말할 순 없다.
그러나 텅 빈 지갑은 확실히 나쁘다.
-탈무드-

1. 할 수 있는 한 많이 벌어라   (Gain all you can!)
2. 할 수 있는 한 많이 저축하라   (Save All you can)
3. 할 수 있는 한 모든 것을 주라   (Give all you Can)
-존 웨슬리 감리교 창시자-

지갑이 가벼우면 마음이 무겁다.
-괴테-

계란을 한바구니에 담지마라 은행 부동산 주식.
채권 등 3바구니에 담아라.

명언

내일은 또 내일의 태양이 떠오른다.
-마가렛 미첼-

사람은 먹기 위하여 사는 것이 아니라
살기 위하여 먹는 것이다.

하늘을 스스로 돕는 자를 돕는다.
-새뮤얼 스마일즈-

소년들이여 야망을 가져라.
-윌리엄 스미스-

최고의 것이 아니면 아무것도 만들지 않는다.
-카네기-

예술은 길고 인생은 짧다.
-히포크라테스-

진실한 풍요는 세상에 봉사하는 착한 마음이다.
-마호메트-

친구는 기쁨을 배로 만들고 슬픔을 반으로 줄여 준다.
-키케로-

건전한 신체에 건전한 정신이 깃든다.
-유리날리스-

명언

과학은 조국을 갖지 않지만 과학자는 조국을 갖는다.
-파스퇴르-

이것은 한 인간에게는 작은 한 걸음이지만,
인류전체에게는 위대한 전진이다.
-암스트롱-

생명을 지키고 북돋워주는 것은 선이고,
생명을 부수고 가로막는 것은 악이다.
-슈바이터-

펜은 칼보다 강하다.
-리턴-

나의 사전에 불가능이란 없다.
-나폴레옹-

우리의 마지막 목적은 단 한가지 승리다.
-처칠-

세월은 사람을 기다리지 않는다.
-도연명-

힘은 희망을 가진 사람에게 주어지고
용기는 가슴속의 의지에서 일어나는 것이다.
-1938년 노벨 문학상을 수상한 작가 **펄벅**-

행복이란 내가 갖지 못한 것을
바라는 것이 아니라 내가 가진 것을 즐기는 것이다.
-린 피터스-

맺는말

『세계는 넓고 찍을 곳은 많다』 책 출판을 위해, 대장간에서 대장쟁이가 명품보검을 만들 듯이 이렇게 고쳐보고 저렇게도 고쳐보고 시대정신을 담아 신문사에 15군데 기고했던 오피니언 칼럼들을 모았습니다.

한 권의 책으로 나오기까지 수고한 사랑하는 아들·딸·사위·며느리, 40년간 교직생활한 아내에게 감사 드리며 출판사에게도 감사 드립니다.

에머슨Ralph Waldo Emerson이 쓴 '무엇이 성공인가'라는 그의 시 한 구절에 "태어나기 전보다 세상을 조금이라도 살기 좋은 곳으로 만들어 놓고 떠나는 것, 내가 한 때 이곳에 살았음으로 인해서 단 한 사람의 인생이라도 행복해지는 것, 이것이 진정한 성공이다." 라고 했습니다.

중국 당나라 시대의 유명한 시인 두보杜甫는 '인생칠십고래희人生七十古來稀' 즉, 인생은 길어야 칠십이다.라고 갈파했지만 현재는 100세시대, 평생건강, 평생학습, 평생직업 시대입니다.

본서에 대한 수입금은 국내 봉사활동, 해외 봉사활동에 사용할 것입니다.

주님이 부르시는 날까지…

철학자 스피노자의 명언 "내일 지구가 멸망하더라도 나는 오늘 한 그루의 사과나무를 심겠다."

진원에세이 · 35

세계는 넓고 찍을 곳은 많다

발　행	2025년 2월 22일
저　자	구재규
펴낸곳	도서출판 진원
주　소	인천광역시 남동구 인주대로 754(구월동)
전　화	032-467-4544~5
팩　스	032-467-4543
이메일	j4674545@nate.com
출판등록	제25100-1998-000008호
인쇄·제본	진원디자인프린텍

저작권자 ⓒ 구재규

이 책의 저작권은 저자에게 있습니다.
서면에 의한 저자의 허락 없이 내용의
일부를 인용하거나 발췌하는 것을 금합니다.

※ 저자와 협의, 인지는 생략합니다.
※ 잘못된 책은 바꿔 드립니다.

ISBN 979-11-93046-20-3

값 20,000원